P9-CRE-150

Las voces del camino

Voices on the Journey

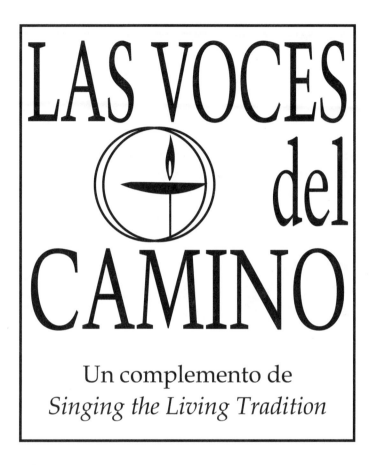

LAS VOCES del CAMINO

Un complemento de
Singing the Living Tradition

EDITOR
Ken Herman

EDITORES DEL PROCESO DE DESARROLLO
Ervin Barrios, Lilia Cuervo, Gaylord Smith,
y Gildardo Suárez Bernal

ASOCIACIÓN UNITARIA UNIVERSALISTA DE CONGREGACIONES
RED DE MÚSICOS UNITARIOS UNIVERSALISTAS
BOSTON

Copyright © 2009 por la Asociación Unitaria Universalista.
Derechos reservados. La Asociación Unitaria Universalista es
una organización religiosa liberal con más de 1,000 congregaciones
en los EE. UU. y Canadá. 24 Farnsworth St., Boston, MA 02210-1409.

Impreso en los Estados Unidos de América

Copyright © 2009 by the Unitarian Universalist Association.
All rights reserved. The Unitarian Universalist Association is a liberal
religious organization with more than 1,000 congregations in the U.S.
and Canada.
24 Farnsworth St., Boston, MA 02210-1409.

Printed in the United States
ISBN 978–1–55896–553–9

5
20

Acknowledgments of copyrighted material begin on page 121.

El propósito fundamental de nuestro llamado como miembros del Unitario Universalismo es recibir y aceptar plenamente a todos los seres humanos. El himnario *Las voces del camino* es una expresión de esta visión que representa el futuro multicultural de nuestras congregaciones unitarias universalistas. Al igual que muchos de ustedes, he anticipado el momento de cantar con *Las voces del camino* en congregaciones de toda la Asociación y continuar los esfuerzos para incorporar recursos en español en nuestra vida congregacional.

Por esta razón sentimos una gran decepción cuando el verano pasado tomamos conciencia de que la versión original de *Las voces del camino* contenía errores cuya magnitud impedía el uso del himnario. Esta nueva edición revisada corrige esos errores comunica los valores y el espíritu de nuestra fe y en manera elocuente.

Además de agradecer al numeroso grupo de personas que apoyaron y nutrieron la producción de *Las voces del camino* desde su principio hasta el final de esta edición revisada, quiero agradecer a aquellas personas que contribuyeron su tiempo y sus talentos para producir esta nueva edición revisada: Joe Sullivan, director del proyecto; Raquel Mora Martínez, editora de revisión; W. Gerard Poole, etnomusicólogo; Francisco Javier Lagunes-Gaitán y Jaume de Marcos, evaluadores del uso del idioma español.

La experiencia de utilizar *Las voces del camino* en las congregaciones unitarias universalistas está en sus comienzos. A medida que nuestro país sigue creciendo multiculturalmente, nuestras congregaciones tienen la responsabilidad de aprender estos cantos y así darles vida. Hagamos realidad que *Las voces del camino* sea una fuente de gozo e inspiración mientras que unidos construimos el futuro de nuestro movimiento de fe. ¡Adelante!

Peter Morales
Presidente de la Asociación Unitaria Universalista

Welcoming all people more fully to Unitarian Universalism is central to our calling as members of this faith movement, and *Las voces del camino* grew out of this vision of a multicultural future for our Unitarian Universalist congregations. Along with many of you, I have been looking forward to singing from *Las voces del camino* in congregations throughout the Association and furthering the incorporation of Spanish-language resources into congregational life.

It was therefore very disappointing to learn last summer that the original edition of *Las voces del camino* contained significant errors that required that the hymnal be recalled. This revised edition corrects the errors in the original edition and eloquently communicates the values and spirit of our faith.

In addition to the many people who have nurtured *Las voces del camino* from inception through the completion of this revised edition, I want to thank those individuals who have contributed their time and considerable skills to this revision: Joe Sullivan, project manager; Raquel Mora Martínez, revision editor; W. Gerard Poole, ethnomusicologist; Francisco Javier Lagunes-Gaitán, Spanish language reviewer; and Jaume de Marcos, Spanish language reviewer.

The experience of Unitarian Universalist congregations with *Las voces del camino* is just beginning. As our country becomes increasingly multicultural, it is now the responsibility of our congregations to learn from these songs and bring them to life. Let *Las voces del camino* be a source of joy and inspiration as, together, we build the future of our faith movement. ¡Adelante!

Peter Morales
President, Unitarian Universalist Association

Dedicamos este himnario a todas las personas que, como nosotros, anhelan una expresión musical de su fe liberal. Es nuestro sueño que esta colección alimente el multiculturalismo entre nuestras congregaciones y estimule la expansión dentro del vasto mundo hispanohablante de los principios que guían nuestra religión.

Con alegría, cariño y esperanza,
Ervin Barrios
Revda. Lilia Cuervo
Gaylord Smith
Gildardo Suárez Bernal
San José, California, marzo, 2009

We dedicate this hymnal to all those who, like us, yearn for a musical expression of their liberal faith. It is our dream that this collection will nourish multiculturalism among our congregations and stimulate an upsurge in the vast Spanish-speaking world of the principles that guide our religion.

With joy, affection and hope,
Ervin Barrios
Rev. Lilia Cuervo
Gaylord Smith
Gildardo Suárez Bernal
San Jose, California, March, 2009

Contenido

Himnos

TRES LECTURAS

ÍNDICES

Prólogo

En voces claras y vibrantes, de muchas culturas y muchos países hispanohablantes, se puede escuchar la música que afirma y a la vez profundiza nuestro espíritu unitario universalista. El orgullo en nuestras tradiciones unitarias universalistas mantenidas por largo tiempo y en nuestra fe enfocada en el futuro resuena a través de los cantos del libro que usted tiene en las manos. Esta música celebra nuestra diversidad y nos reta a crecer hacia una conciencia más amplia del unitario universalismo como una fe verdaderamente global.

La publicación de *Las voces del camino* también representa una ocasión histórica importante. Cuando nuestro himnario actual, *Singing the Living Tradition,* fue publicado en 1993, contenía solamente un himno en español. Nuestro himnario suplementario, *Singing the Journey,* debutó en 2005 con siete cantos más en español. Esto sólo sirvió para acrecentar el hambre. En nuestras congregaciones, como en nuestro mundo, la creciente diversidad ha animado a más personas a elevar sus voces en la celebración, en la tristeza, y en comunidad, usando un lenguaje común. ¿Cómo podría nuestra tradición religiosa fomentar dicha celebración unida? Por mucho tiempo he tenido la esperanza de que pudiéramos ofrecer dicho libro, porque según me lo ha recordado mi reciente viaje al continente africano y a nuestras congregaciones unitarias en África, no tenemos que hablar el mismo idioma para compartir esta fe salvadora. Es a través de nuestra música que nuestras comunidades pueden unirse, y es en nuestros cantos que nuestra historia y nuestro futuro pueden abrazarse.

En los cantos que aparecen en este libro, usted encontrará una rica mezcla de música de México, Centroamérica y Latinoamérica en general, melodías que disipan nuestra desesperanza, que elevan nuestra celebración, nuestro gusto por la vida, nuestra fe profunda. En "Las posadas", compartimos la jornada de José y María, extraños en la Tierra Santa, mientras los viajeros buscan refugio y son recibidos aún sin ser conocidos por aquéllos a cuya comunidad han llegado. Otros himnos alaban los dones de Oscar Romero, martirizado en la lucha por la libertad de El Salvador. Y otro canto, "Danos un corazón", ora pidiendo un corazón generoso que nos libere para amar sin fronteras.

También presentamos cantos que se encontraban originalmente en *Singing the Living Tradition* y que han sido traducidos al español para profundizar y enriquecer la celebración de todos. La nueva y hermosa traducción que hizo Ervin Barrios del canto de Carolyn McDade "Spirit of Life", viene en este libro junto con la traducción que hizo Gaylord E. Smith del canto "Gathered Here", un canto en canon que es un favorito en nuestras congregaciones, y muchos otros cantos. Como unitarios universalistas, a menudo hablamos de darles la bienvenida a los recién llegados, pero frecuentemente nos quedamos cortos en cuanto a honrar sus tradiciones. Con la publicación de *Las voces del camino,* esperamos que la puerta se abra un poco más para que la bienvenida sea un poco más genuina, mientras todos crecemos en el proceso.

Este libro es el resultado de años de labor por parte de muchos unitarios universalistas dedicados. Nos sentimos orgullosos de haber unido fuerzas con la Red de Músicos Unitarios Universalistas para publicar *Las voces del camino,* para extender nuestro diálogo musical hacia las tradiciones y celebraciones existentes inicialmente en países de habla hispana y ahora en los Estados Unidos. Mi agradecimiento particular va para la Primera Iglesia Unitaria de San José, California, y para el personal de los Ministerios en Español de esa congregación, dirigidos por el Dr. Roberto Padilla, quienes a través de su amor y dedicación han extendido a nuestra comunidad unitaria universalista una invitación para compartir la riqueza de una jornada de fe multicultural.

Nuestra gratitud se extiende hacia otros líderes de la congregación de San José: Gaylord E. Smith, quien trabajó incansablemente con sus colegas para desarrollar este recurso, Gildardo Suárez Bernal, Revda. Lilia Cuervo y Ervin Barrios, quienes prepararon el manuscrito que sirvió para crear este libro. También estamos profundamente agradecidos con Kenneth Herman, director musical de la Primera Iglesia Unitaria Universalista de San Diego, quien funcionó como editor general de este libro y lo guió hacia la realidad. Finalmente, quiero reconocer los esfuerzos incansables de Sofia Betancourt y Taquiena Boston, quienes son parte de nuestro personal de Ministerios Basados en la Identidad, por su labor de animar la realización de este proyecto, y a Deborah Weiner, oficial de enlace de la UUA para *Las voces del camino,* quien coordinó el proyecto desde el manuscrito inicial hasta su publicación final.

Nuestras congregaciones unitarias universalistas vienen en todos tamaños y formas. Mi esperanza es que al abrazar nosotros una fe más rica y más diversa de la que tenemos dentro de nuestros muros, utilicemos este libro para los himnos de nuestros coros, nuestras reuniones públicas mientras damos testimonio de nuestra fe al mundo en general y para nuestros cantos dentro de la congregación. Los cantos y las lecturas de celebración en *Las voces del camino* nos llaman, exhortándonos a abrir de par en par las puertas de nuestra fe y a abrazar a nuestras hermanas y hermanos unitarios universalistas de todo el mundo, en el gozo y la celebración.

En la fe,
William G. Sinkford
Presidente de la Asociación Unitaria Universalista
2001–2009

Foreword

In voices clear and vibrant, from many Spanish-speaking cultures and countries, you can hear music that both affirms and deepens our Unitarian Universalist spirit. Pride in our long-held Unitarian Universalist traditions and future-focused faith resounds throughout the songs in the book you hold in your hands. This music celebrates our diversity and challenges us to grow into a broader awareness of Unitarian Universalism as a truly global faith.

The publication of *Las voces del camino* also represents an important historic occasion. When *Singing the Living Tradition*, our current hymnbook, was published in 1993, it contained but one hymn in Spanish. *Singing the Journey*, our hymn supplement, debuted in 2005 with seven more pieces in Spanish. This only made the hunger greater. In our congregations, as in our world, increasing diversity has encouraged more people to lift their voices in celebration, in sorrow, and in community, using a common language. How could our faith tradition foster such united celebration? It has long been my hope that we would be able to offer such a book, for—as my recent trip to the African continent and our Unitarian congregations in Africa reminded me—we do not have to speak the same language to share this saving faith. It is through our music that our communities can unite, and it is in our songs that our history, and our future, can be embraced.

In the songs in this book, you will find a rich mix of music from Mexico, Central America, and Latin America—tunes that lift up our despair, our celebration, our zest for life, our deep faith. In "Las posadas," the journey of

Joseph and Mary, outsiders in the Holy Land, is shared, as the travelers seek shelter and welcome though they are not familiar to those in the community in which they have arrived. Another hymn praises the gifts of Oscar Romero, martyred in El Salvador's struggle for freedom. Still another, "Danos un corazón," prays for a generous heart, one that frees us to love without borders.

We also present songs found first in *Singing the Living Tradition* and now translated into Spanish to deepen and enrich the celebration of all. Ervin Barrios' beautiful new translation of Carolyn McDade's "Spirit of Life" is here, along with Gaylord E. Smith's translation of "Gathered Here," a favorite round in our congregations, and many others, as well. As Unitarian Universalists, we often speak of extending a welcome to newcomers, yet too frequently, we fall short on honoring the traditions of our newcomers. With the publication of *Las voces del camino,* we hope that the door will open a bit wider, the welcome be made a bit more genuine, as we all grow in the process.

This book is the result of years of labor on the part of many dedicated Unitarian Universalists. We are proud to have joined with the Unitarian Universalist Musicians Network in publishing *Las voces del camino* to extend our musical dialogue to the traditions and celebrations found first in Spanish-speaking countries, and now in the United States. My particular thanks go to the First Unitarian Church of San Jose, California, and to the Spanish Ministries staff of the congregation, led by Dr. Roberto Padilla, who have, through their dedication and love, offered our Unitarian Universalist community an invitation to share in the richness of a multicultural faith journey.

Our gratitude extends to other leaders of the San Jose congregation: Gaylord E. Smith, who worked tirelessly with his colleagues to develop this resource, and Gildardo Suárez Bernal, Rev. Lilia Cuervo, and Ervin Barrios, who prepared the manuscript which helped us develop this book. We are also deeply grateful to Kenneth Herman, music director of the First Unitarian Universalist Church of San Diego, who served as general editor of this book and guided it into reality. Finally, I want to acknowledge the tireless efforts of Sofia Betancourt and Taquiena Boston, both of our Identity-Based Ministries staff, for their work of encouraging this project into life, and Deborah Weiner, the UUA staff liaison for *Las voces del camino,* who saw it through from its initial manuscript to final publication.

Our Unitarian Universalist congregations come in all shapes and sizes. My hope is that—as we embrace a faith that is richer and more diverse than the one we hold within our own walls—we will use this book for our choir anthems, our public gatherings as we witness our beliefs to the larger world, and our congregational singing. The songs and celebratory readings of *Las voces del camino* call to us, urging us to throw the doors of our faith wide open and embrace our Unitarian Universalist sisters and brothers around the world, in joy and celebration.

In faith,
William G. Sinkford
President, Unitarian Universalist Association
2001–2009

Prefacio

Cuando la Asociación Unitaria Universalista tomó la decisión de incluir un número de himnos en español en el libro de cantos *Singing the Journey* (2005), ampliamente usado por las congregaciones, una importante puerta se abrió. Los miembros del comité que compiló ese suplemento para el himnario *Singing the Living Tradition* se dieron cuenta de que los himnos y cantos en español enriquecerían en gran manera el libro de cantos y que esta música sería de gran interés para muchos unitarios universalistas.

Pero siete selecciones musicales en español no eran suficientes para las congregaciones involucradas en el alcance y los ministerios en español o para aquéllas que lo estuviesen considerando. En realidad, imprimir unas cuantas piezas en español no logra reflejar el rostro cambiante del Unitario Universalismo en las congregaciones dinámicas y crecientes de hoy en día.

Este nuevo recurso, *Las voces del camino,* ofrece todo un año entero de música para celebraciones, contemplación e inspiración. Las múltiples temporadas y festividades, así como las causas y aspiraciones atesoradas por nuestra fe liberal están representadas en esta colección.

Gran parte de la música en este libro viene de nuestro himnario unitario universalista en inglés, *Singing the Living Tradition,* reflejando tanto la historia como la diversidad de nuestra herencia. Cada pieza en *Las voces del camino* que ha sido traducida de ese libro contiene una clara referencia al número del himno en *Singing the Living Tradition* y su título conocido en inglés. Ahora, las congregaciones bilingües pueden cantar las dos versiones "Nombres sin fin" y "Bring Many Names" simultáneamente en servicios devocionales, o "Por la Tierra sempiterna" ("For the Earth Forever Turning"), o "Fuente de Amor" ("Spirit of Life"). Nuestros mundos musicales y culturales se han extendido.

De igual importancia en *Las voces del camino* son aquellos cantos e himnos de fuentes seculares y de otras tradiciones sagradas que prosperan en Latinoamérica y Europa. Esta música puede también enriquecer los servicios devocionales en grupos cuya lengua principal es el inglés, bajo la enseñanza y el liderazgo sensibles de músicos, coros y ministros religiosos. Para ayudar a los de habla inglesa, se incluye un corto resumen en inglés para cada canto en este libro que no se encuentre en el himnario *Singing the Living Tradition.*

Los cantos más cortos y los cánones fáciles en este libro pueden usarse para abrir y cerrar reuniones y establecer el tono para los grupos de pacto y las reuniones de los grupos de apoyo. Encender un cáliz y cantar juntos da enfoque al tiempo que pasamos reunidos como comunidad y nos recuerda las raíces espirituales que son los cimientos hasta de nuestras tareas más cotidianas.

Cada canto en *Las voces del camino* viene con símbolos de los acordes y los acompañamientos para teclados son muy accesibles para los músicos. Para hacer esta música aún más atractiva y satisfactoria para los coros, particularmente las canciones en las secciones de Adviento y Navidad, comisionamos arreglos con partes vocales líricas, fáciles de aprender. Con estos nuevos arreglos y siete de los populares cantos Taizé, ninguno de los cuales aparece en *Singing the Journey*, yo espero que *Las voces del camino* se convierta muy pronto en una apreciada aportación para las bibliotecas corales.

Producir un himnario suplementario requiere del talento y la ardua labor de un conjunto de individuos, y crear uno que comience a afirmar la amplia diversidad de las culturas de habla hispana exige dedicación y visión.

El himnario *Las voces del camino* está basado en parte en una excelente colección de cantos y traducciones preparada por cuatro miembros de la Primera Iglesia Unitaria de San José, California: Gaylord E. Smith, Gildardo Suárez Bernal, Revda. Lilia Cuervo y Ervin Barrios. Xiomara Di Maio aportó sus invaluables consejos en cuanto al idioma español y la música, y Roy Attridge ayudó con transcripciones musicales. Los compositores unitarios universalistas Susan Peck, Daniel Ratelle y William James Ross proporcionaron nuevos arreglos musicales oportunos, y Ervin Barrios hizo nuevas traducciones poéticas específicamente para este libro. La intrépida negociación de los permisos de derechos de autor, a cargo de Melodie Feather, resolvió problemas demasiado numerosos para mencionarlos, y Gaylord E. Smith negoció hábilmente los permisos con autores y poetas en Sudamérica. Sus esfuerzos han enriquecido este libro y continuarán bendiciendo a quienes lo utilicen.

Cada idioma transmite los dones especiales de la cultura que los crea. Esperamos que cada voz que cante la música que aparece en *Las voces del camino* descubra esos dones y los use para fortalecer esa bendita comunidad de todas las almas que creamos juntos con el Espíritu de la Vida.

Ken Herman, Editor
Febrero de 2009

Preface

When the Unitarian Universalist Association made the decision to include a number of Spanish-language hymns in *Singing the Journey* (2005), the widely-used congregational songbook, an important door opened. Members of the task force that compiled that supplement to *Singing the Living Tradition* realized that Spanish-language hymns and songs would greatly enrich the songbook and that this music would appeal to many Unitarian Universalists.

But seven musical selections in Spanish were not enough for congregations engaged in or contemplating Spanish-language ministry and outreach. In truth, printing a few pieces in Spanish does not come close to reflecting the changing face of Unitarian Universalism in today's dynamic and growing congregations.

This new resource, *Las voces del camino,* offers an entire year's worth of music for celebration, contemplation, and inspiration. The many seasons and holy days, as well as the causes and aspirations dear to our liberal faith, are represented in this collection.

Much of the music in this book comes from our current UU hymnbook, *Singing the Living Tradition,* reflecting both the history and diversity of our heritage. Each piece in *Las voces del camino* that is a translation from that book contains a clear reference to the hymn's number in *Singing the Living Tradition* and its familiar English title. Now, bilingual congregations can sing both "Nombres sin fin" and "Bring Many Names" simultaneously in worship, or "Por la Tierra sempiterna" ("For the Earth Forever Turning"), or "Fuente de Amor" ("Spirit of Life"). Our musical and cultural worlds have expanded.

Of equal importance in *Las voces del camino* are those songs and hymns from secular sources and other sacred traditions that thrive in Latin America and Europe. This music can also enhance worship in primarily English-speaking settings, especially with sensitive teaching and leadership from musicians, choirs, and clergy. To assist English speakers, a short English précis is included for every song in this book not found in *Singing the Living Tradition.*

The shorter songs and easy rounds in this book can be used to open and close meetings and set the tone for covenant group and support group gatherings. Lighting a chalice and singing together focuses our time as a gathered community and reminds us of the spiritual roots that undergird even our most everyday tasks.

Every song in *Las voces del camino* comes with chord symbols, and keyboard accompaniments are user-friendly. To make some of this music even more appealing and rewarding to choirs, particularly songs in the Advent and Christmas sections, we commissioned arrangements with lyrical, easily learned vocal parts. With these new arrangements and seven of the popular Taizé chants — none of which are in *Singing the Journey* — I hope *Las voces del camino* will quickly become a welcome addition to choir libraries.

Producing a hymnbook supplement requires the talent and hard work of a network of individuals, and developing one that begins to affirm the wide diversity of Spanish-speaking cultures calls for dedication and vision. *Las voces del camino* is based on the outstanding initial song collection and translation work accomplished by four members of the First Unitarian Church of San Jose, California: Gaylord E. Smith, Gildardo Suárez Bernal, Rev. Lilia Cuervo, and Ervin Barrios.

Xiomara Di Maio provided invaluable Spanish language and musical counsel, and Roy Attridge gave welcome assistance with musical transcription. UU composers Susan Peck, Daniel Ratelle, and William James Ross provided timely new musical arrangements, and Ervin Barrios made new poetic translations specifically for this book. Melodie Feather's intrepid negotiation of copyright permissions solved problems too numerous to mention, and Gaylord E. Smith skillfully negotiated permissions with authors and poets in South America. Their efforts have enriched this book and will continue to bless those who use it.

Every language transmits the special gifts of the culture that creates it. May every voice that sings the music in *Las voces del camino* discover those gifts and use them to strengthen that blessed community of all souls which we create together with the Spirit of Life.

Ken Herman, Editor
February, 2009

Nosotros, las congregaciones miembros
de la Asociación Unitaria Universalista,
nos comprometemos a afirmar y a promover:

El valor y la dignidad inherente de cada persona;
La justicia, la igualdad y la compasión en todas las relaciones humanas;
La aceptación de los unos a los otros y el estímulo al crecimiento espiritual
en nuestras congregaciones;
Una búsqueda libre y responsable de la verdad y el significado
de las cosas;
El derecho a la conciencia y al uso del proceso democrático dentro de
nuestras congregaciones y en la sociedad en general;
La meta de crear una comunidad mundial donde haya paz,
libertad y justicia para todos;
El respeto por la red interdependiente de todo lo que existe y
de lo cual somos parte.

—Extraído de los Estatutos de la
Asociación Unitaria Universalista

Madre Esencia, Padre Esencia

Unísono ♩= 72

Em **Em/G**

1. Ma - dre E - sen - cia, Pa - dre E - sen - cia, ¿dón - de es - tás?
2. Mu - chas go - tas hay en el pro - fun - do mar,
3. ¿Qué es el tiem - po que nos hu - ye tan ve - loz?
4. Ma - dre E - sen - cia, Pa - dre E - sen - cia, tú se - rás

G **D/F♯** **C/E** **D**

En el cie - lo, en el bos - que o - í tu voz.
cu - yas o - las bri - llan en la luz del sol.
Sue - ño e - ter - no, lí - bra - me del gran pa - vor.
la ra - zón por qué en - to - na - mos el can - tar,

G **Em** **C** **Bm** **Em**

¿Qué___ dar - te? ¿Qué nom - brar - te? ¿Qué soy yo?
¿Qué___ dar - te? ¿Qué nom - brar - te? ¿Quién soy yo?
¿Qué___ dar - te? ¿Qué nom - brar - te, oh mi Dios?
tra - ba - jan - do en li - ber - tad por los de - más.

Letra y música: Norbert F. Čapek (checo, 1870-1942)
Traducción: © 1999 Gaylord E. Smith (estadounidense, n. 1939)
Armonía: © 1985 David Dawson (inglés, n. 1939)

MÄTI SVETA
8.3.8.3.8.3.

8 "Mother Spirit, Father Spirit" en *Singing the Living Tradition*

¿Adónde voy?

1. Ca-mi-nan-do voy sin sa-ber muy bien qué sen-de-ro_an-
2. Co-mo_el rí-o soy que_ha-cia_el mar se va, que se va_a mo-
3. En mi co-ra-zón lu-chan sin ce-sar lo que quie-ro

dar, ha-cia dón-de ir. Hoy me pre-gun-
rir y re-su-ci-tar. Quie-ro_ha-cer el
ser y la rea-li-dad. En mi co-ra-

té si sé dón-de_es-toy, dón-de co-men-
bien en mi ca-mi-nar que_a mi pa-so
zón qui-so Dios sem-brar an-sias de vi-

cé, cuál se-rá mi fin, pa-ra qué vi - vir.
dé flo-res el jar-din, pa-nes el tri - gal.
vir, sed de ple - ni - tud y fe-li - ci - dad.

ENGLISH PRÉCIS: "Where Am I Going?" I journey on, unsure of the way. I'm like a river that flows into the sea. It dies, but it rises again. I long to be fruitful and live out the life of abundance and joy God has planted in my soul.

Letra y música: Cesáreo Gabaráin (español, 1936-1991), © 1998
  OCP Publications
Armonización: © 2002 Gildardo Suárez Bernal (colombiano, n. 1967)

ADÓNDE VOY
10.10.10.15.

Gracias por el amor

1. Gra - cias por el a - mor del cie - lo, gra - cias
2. Gra - cias por el a - mor del mun - do, gra - cias
3. Gra - cias por to - da la_her - mo - su - ra, gra - cias
4. Gra - cias por es - te nue - vo dí - a, gra - cias

por el in - men - so mar, gra - cias por el can -
por la fe - li - ci - dad, gra - cias por to - da
por nues - tra ju - ven - tud, gra - cias por la_a - mis -
por nues - tra gran u - nión, gra - cias por to - das

tar del bos - que, ¡A - le - lu - ya!
mi fa - mi - lia, ¡A - le - lu - ya!
tad de to - dos, ¡A - le - lu - ya!
las bon - da - des, ¡A - le - lu - ya!

ENGLISH PRÉCIS: "Thanks for Love" We give thanks for the love of heaven, the immense ocean, and the singing of the forest. For this new day, the love of the earth and our friendship, Alleluia!

Letra y música: anónimo
Arreglo: William James Ross (estadounidense, n. 1937),
   © 2009 Asociación Unitaria Universalista

ACCIÓN DE GRACIAS
9.8.9.4.

4 Es un don ser sencillo

Es un don ser sen-ci-llo, es un don li-bre es-tar, es un
don sa-ber to - mar nues-tro lu-gar, y
cuan-do en-con-tre-mos e - se lu-gar, se - rá en el pa-ís de la
di - cha re-al. Al al - can-zar la sen-ci-llez, dan-

Letra: Joseph Bracket, Jr. (estadounidense, siglo XVIII)
Traducción: © 2010 Gaylord E. Smith (estadounidense, n. 1939) y
  Raquel M. Martínez (estadounidense, n. 1940)
Música: tonada folclórica norteamericana

SIMPLE GIFTS

16 "'Tis a Gift to Be Simple" en *Singing the Living Tradition*

5 Oh, Dios de mi alma

1. Oh, Dios de mi alma, sé tú mi visión,
na-da te_a-par-te de mi co-ra-zón.
Dí-a y no-che pien-so en ti,
y tu pre-sen-cia es luz pa-ra mí.

2. Sa-bi-du-rí-a sé tú de mi ser,
quie-ro_a tu la-do mi sen-da co-rrer;
del al-ma am-pa-ro, mi to-rreón,
a las al-tu-ras con-dú-ce-me, Dios.

3. Ri-que-zas va-nas no_an-he-lo, mi Dios,
ni_el hue-co ha-la-go de la_a-du-la-ción;
tú_e-res mi her-ren-cia, tú mi por-ción,
Rey de los cie-los, te-so-ro me-jor.

Letra: poema atribuido a Dallan Forgaill (irlandés, siglo VIII)
Traducción: © 1962 Federico J. Pagura (argentino, n. 1923)
Música: melodía irlandesa tradicional
Armonía: Carlton R. Young (estadounidense, n. 1926), © 1964, 1992 Abingdon Press

SLANE
10.10.9.10

20 "Be Thou My Vision" en *Singing the Living Tradition*

De boca y corazón

6

1. De boca y corazón a nuestro Dios cantemos. Nos
dio su bendición, salud, vida y consuelo. Tan
sólo a su bondad debemos nuestro ser; con
su fidelidad nos cuida por doquier.

2. Oh bondadoso Dios, ven, danos cada día un
corazón filial y lleno de alegría. Espíritu de amor, acepta la oración que e-
leva con fervor el grato corazón.

Letra: Martín Rinkart (alemán, 1586-1649)
Traducción: Federico Fliedner (alemán, 1845-1901)
Música: Johann Crüger (alemán, 1598-1662)

NUN DANKET ALLE GOTT
6.7.6.7.6.6.6.6.

32 "Now Thank We All Our God" en *Singing the Living Tradition*

7 Nombres sin fin

1. Nom - bres sin fin, bue - nos, be - llos son;
2. Dios ma - ter - nal, o - bra sin ce - sar,
3. Dios pa - ter - nal, a - ma por i - gual,
4. An - cia - no Dios, ca - no pro - tec - tor,
5. Dios ju - ve - nil, an - sia de cre - cer,
6. Vi - vo y gran Dios, ha - ce me - di - tar,

cán - ten - se en pa - rá - bo - las y cuen - tos, san - ti - dad glo -
plan - te - an - do e - cua - cio - nes be - llas, cre - a ma - ra -
com - par - tien - do el do - lor hu - ma - no, cui - da y per -
de - rro - tan - do el mal en sus dis - fra - ces, go - za de sor -
re - cha - zan - do em - bus - tes y cruel - da - des, cla - ma por jus -
muy fe - liz mis - te - rio a la dis - tan - cia, ín - ti - mo sus -

Letra: Brian Wren (inglés, n. 1936), © 1989 Hope Publishing Co.
Traducción: Ervin Barrios (mexicano, n. 1954) y Gaylord E. Smith
  (estadounidense, n. 1939), © 2009 Hope Publishing Co.
Música: Carlton R. Young (estadounidense, n. 1926) © 1989 Hope
  Publishing Co.

WESTCHASE
9.10.11.9.

23 "Bring Many Names" en *Singing the Living Tradition*

8 Jubilosos te adoramos

♩ = 69

1. Ju - bi - lo - sos te_a - do - ra - mos, Dios de glo - ria,
2. Ju - bi - lo - sa,_en cie - lo_y tie - rra, te cir - cun - de
3. Tú que siem - pre nos per - do - nas, da - nos hoy tu

Dios de_a - mor; an - te ti las al - mas se_a - bren
tu crea - ción; as - tros y_án - ge - les te can - ten
ben - di - ción; tú, que to - do pro - por - cio - nas,

co - mo flo - res an - te_el sol. Des - va - ne - ce
en per - pe - tua_a - do - ra - ción. Cam - po_y sel - va,
da tu paz al co - ra - zón. Mar - cha - re - mos

to - da nu - be de pe - ca - do, de do - lor. Oh
mon - te_y va - lle, la pra - de - ra,_el vas - to mar, fuen-
en - to - nan - do nues - tro cán - ti - co triun - fal; a

Letra: 1907 Henry Van Dyke (estadounidense, 1852-1933)
Traducción: Federico J. Pagura (argentino, n. 1923),
  © 1996 Abingdon Press
Música: 1824 Ludwig van Beethoven (alemán, 1770-1827)

HYMN TO JOY
8.7.8.7.D.

29 "Joyful, Joyful, We Adore Thee" en *Singing the Living Tradition*

Da-dor de go-zo e-ter-no, cú-bre-nos con tu es-plen-dor.
tes y a-ves, en tu nombre, nos in-vi-tan a can-tar.
tra-vés de la con-tien-da, vi-da y go-zo ven-ce-rán.

Sé que abrirá esta rosa

9

Sé que a-bri-rá es-ta ro-sa, y

sé que mi te-mor se i-rá. Sus a-las mi a-mor des-

ple-ga-rá. Sé que a-bri-rá es-ta ro-sa.

Letra y música: © 1989 Mary E. Grigolia (estadounidense, n. 1947)
Traducción: © 2010 Ervin Barrios (mexicano, n. 1954)

GRIGOLIA
8.9.9.8.

396 "I Know This Rose Will Open" en *Singing the Living Tradition*

10 Surge la aurora

Unísono ♩. = 56

1. Sur-ge la au-ro - ra cual la pri-me - ra; can-ta la u-
2. Dul-ce es la llu - via i-lu-mi-na - da co-mo el ro-
3. Mí - a es el al - ba, mí-o es-te dí - a, lle - nos de

rra - ca, voz i - ni - cial. Lo - or al
cí - o cre-pus-cu - lar. Lo - or al
lu - ces que vio el E - dén. Lo - or a -

can - to, lo - or al al - ba y a su prin-
be - llo huer - to mo - ja - do don-de de-
le - gre es-ta ma - ña - na, nue - va jor-

ci - pio tras-cen-den - tal.
lei - ta el Di - vi-no an - dar.
na - da de Dios, ¡A - mén!

Letra: Eleanor Farjeon (inglesa, 1881-1965), © 1931 David Higham
   Associates, Ltd.
Traducción: © 1999 Gaylord E. Smith (estadounidense, n. 1939)
Música: melodía gaélica tradicional
Armonía: David Evans (galés, 1874-1948) de *The Revised Church Hymnary* 1927,
   © 1931 Oxford University Press

BUNESSAN
5.5.5.4.D.

38 "Morning Has Broken" en *Singing the Living Tradition*

De noche iremos

De no - che i - re - mos, de no - che, sin lu - na i - re - mos, sin lu - na, que pa - ra en - con - trar la fuen - te só - lo la sed nos a - lum - bra.

ENGLISH PRÉCIS: "We Go Through the Night" We go through the night with no moonlight. Only our thirst will guide us to the fountain of life.

Letra: Luis Rosales (español, 1910-1992), © 1986 Les Presses de Taizé   DE NOCHE
Música: Jacques Berthier (francés, 1923-1994), © 1986 Les Presses de Taizé

La tiniebla

La ti - nie - bla ya no es ti - nie - bla an - te ti, la

no - che co - mo el dí - a i - lu - mi - na.

ENGLISH PRÉCIS: "Utter Darkness" There is no darkness in your presence. It fills the night with the light of day.

Letra: Comunidad de Taizé, © 1991 Les Presses de Taizé
Música: Jacques Berthier (francés, 1923-1994), © 1991 Les Presses de Taizé

LA TÉNÈBRE

1. Re - su - ci - ta el mun - do ya,
2. Nue - va - men - te la ver - dad, ¡A - le - lu - ya!
3. Cam - bie el lu - to en lo - or,

Hu - ye el due - lo in - ver - nal,
Nues - tra tie - rra nue - va es - tá, ¡A - le - lu - ya!
Te - dios tris - tes en can - ción,

Hoy tra - e - mos ho - ja y flor,
Ho - ra os - cu - ra ter - mi - nó, ¡A - le - lu - ya!
Vue - la nues - tro es - pí - ri - tu,

Ce - le - bre - mos la o - ca - sión,
Pri - ma - ve - ra al - re - de - dor, ¡A - le - lu - ya!
De - lei - ta - do por la luz,

Letra: Samuel Longfellow (estadounidense, 1819-1892)
Traducción: © 2002 Gaylord E. Smith (estadounidense, n. 1939)
Música: Lyra Davidica (1708), versión del *Compleat Psalmodist* de John Arnold (1749)

EASTER HYMN
7.7.7.7. con aleluyas

61 "Lo, the Earth Awakes Again" en *Singing the Living Tradition*

14 De colores

Letra: tradicional
Música: canción folclórica española y mexicana
Arreglo: Alfredo Aníbal Morales (cubano, n. 1927), © 1987 World
Library Publications

DE COLORES

305 (con otro arreglo) en *Singing the Living Tradition*

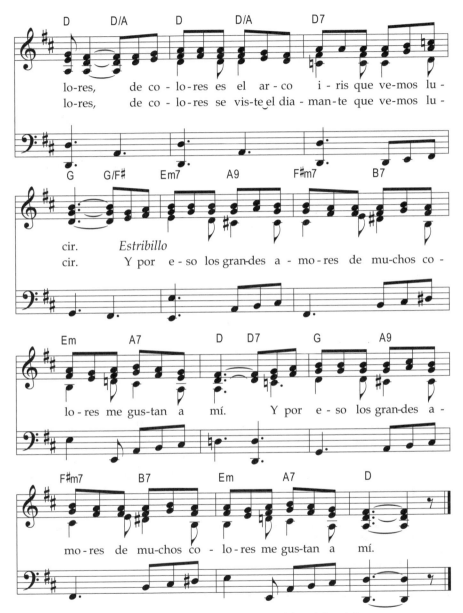

3. Canta el gallo, canta el gallo con el quiri, quiri, quiri, quiri, quiri;
   la gallina, la gallina con el cara, cara, cara, cara, cara;
   los polluelos, los polluelos con el pío, pío, pío, pío, pí.
   Estribillo

15 Por la Tierra sempiterna

Letra y música: Kim Oler (estadounidense, n. 1954),
© 1990, 2003 Helium Music
Traducción: Gaylord E. Smith (estadounidense, n. 1939),
© 2009 Helium Music

BLUE-GREEN HILLS
OF EARTH
8.7.8.8.

163 "For the Earth Forever Turning" en *Singing the Living Tradition*

16 Oh Dios de lo creado

♩ = 66

Gm Gm/B♭ Adim D Gm   Cm/E♭ Cm Gm Gm/B♭

1. Oh Dios de lo cre - a - do en cie - lo, tie-rra y
2. No - so - tros tus cria - tu - ras al nues-tro ser ne -
3. Si la crea - ción da - ña - mos con e - go - ís - mo
4. Ve - ni - mos hoy con - fia - dos, nos li - bra tu ver -
5. Oh Dios de lo cre - a - do, quien di - jo "Bue-no

D   E♭   Adim F B♭/D E♭ B♭ Cm

mar, de cac - tos, yer - bas, ro - bles, y
gar, no man - te - ne - mos ín - te - gro el
tal y los te - so - ros da - dos per -
dad, a o - brar por la jus - ti - cia, la
es", que a to - dos nos hi - cis - te frag -

ENGLISH PRÉCIS: "O God of Everything Created" Oh, God of all things that adorn your creation, forgive us when we have failed to care for all you have created. Give us new vision. Help us to put our faith into action, to work for peace and integrity.

Letra: © 1992 Jane Parker Huber (estadounidense, 1926-2008)
Traducción: © 1996 Ana Inés Braulio-Corchado (puertorriqueña, n. 1920); alt. Gaylord E. Smith (estadounidense, n. 1939)
Música: melodia folclórica galesa
Armonía: David Evans (galés, 1874-1948)

LLANGLOFFAN
7.6.7.6.D

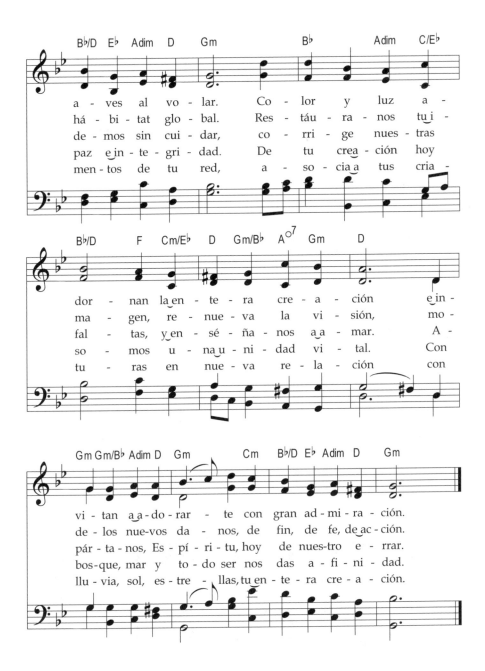

17 Más cerca, oh Dios, de ti

♩ = 96

1. Más cer-ca, oh Dios, de ti, an - he - lo es - tar,
2. Si pe - re - gri - no soy, y de an-sie - dad
3. Y lue-go al des - per - tar, te a - la - ba - ré;

aun - que a - mar - ga cruz há - ya - me de al - zar.
me lle - na, pues - to el sol, la os - cu - ri - dad,
de gra - cias, un al - tar te le - van - ta - ré;

Se - rá mi can-to a - quí: ¡Más cer-ca, oh Dios, de ti!
mi sue-ño a - ún a - sí ha de lle - var - me a ti.
a - llí mi co - ra - zón e - le - ve su o - ra - ción.

¡Más cer-ca, oh Dios, de ti, más cer - ca, sí!
¡Más cer-ca, oh Dios, de ti, más cer - ca, sí!
¡Más cer-ca, oh Dios de ti. más cer - ca, sí!

Letra: Sarah Flower Adams (inglesa, 1805-1848)
Música: Lowell Mason (estadounidense, 1792-1872)
Traducción: Juan B. Cabrera (español, 1837-1916)

BETHANY
6.4.6.5.6.6.6.4.

87 "Nearer, My God, to Thee" en *Singing the Living Tradition*

Busco calma

18

$\circ$ = 42

1. Bus - co cal - ma, u - na cal - ma que me ven - ga a_en - vol - ver;
2. Bus - co_e - sen - cia, u - na_e - sen - cia que me ven - ga a_en - vol - ver;

un si - len - cio, tal si - len - cio que me ven - ga a_en - vol - ver.
cual los bro - tes al ro - cí - o, que yo pue - da flo - re - cer.

En el al - ma_y por el al - ma que me_ins - pi - re
En el al - ma_y por el al - ma que me_ins - pi - re

muy a - den - tro, la_ar - mo - ní - a_al - can - za - ré.
muy a - den - tro, la_ar - mo - ní - a_al - can - za - ré.

Letra: Carl G. Seaburg (estadounidense, 1922–1998), basada en un texto
  unitario de Transilvania, © 1992 Asociación Unitaria Universalista
Traducción: © 2001 Lilia Cuervo (colombiana, n. 1937)
Música: tonada de un himno transilvano
Armonía: Larry Phillips (estadounidense, n. 1948), © 1992 Asociación
  Unitaria Universalista

SIGISMUND
8.7.8.7.8.7.7.

352 "Find a Stillness" en *Singing the Living Tradition*

19 Cansado del camino

Can-sa-do del ca-mi - no,____ se-dien-to de ti, ____

un de-sier - to_he cru-za - do, sin fuer-zas he que-da - do

ven-go_a ti.____ Lu - ché co-mo sol-da - do____ y_a

ENGLISH PRÉCIS: "Weary of the Road" *Weary and thirsty, I have crossed the desert searching for you. Immerse me in the river of your spirit that I may refresh this parched heart.*

Letra y música: Jesús Adrián Romero (mexicano, n. 1962),
  © 1996 Vastago Producciones
Arreglo: Susan Peck (estadounidense, n. 1960), © 2009 Asociación
  Unitaria Universalista

SUMÉRGEME

ve-ces su-frí.___ Y_aun-que la lu-cha_he ga-na - do, mi_ar-ma-

du-ra_he des-gas-ta-do, ven-go_a ti.___ Can-

ven-go_a ti.___ Su-mér-ge-me___ en el rí-o de tu_es-

Oh tierra, el agua, el fuego y el aire   20

Letra y música: anónimo

ELEMENTS

Traducción: © 2002 Gaylord E. Smith (estadounidense, n. 1939)

387 "The Earth, Water, Fire, Air" en *Singing the Living Tradition*

Ven, Espíritu de Amor

ENGLISH PRÉCIS: *"Come, Spirit of Love" Spirit of love, descend upon me. Take me; fill me; change me; use me.*

Letra y música: Daniel Iverson (estadounidense, 1890-1977), alt., © 1935, 1963 Birdwing Music
Traducción: anónimo

IVERSON
11.11.12.11.

Llama de amor viva

Lla - ma de a-mor vi - va, lla-ma que na-ce del fue-go de a-mor, del

fue - go que ar - de en el al - ma, ¡oh! ¡oh!

ENGLISH PRÉCIS: "Flame of Living Love" May the flame that is born from the fire of love glow in the soul.

Letra: San Juan de la Cruz (español, 1542-1591)
Música: Comunidad de Taizé, © 1986 Les Presses de Taizé

LLAMA DE AMOR VIVA

23 El alma que anda en amor

ENGLISH PRÉCIS: "The Soul in Love" The soul that is in love never gets weary.

Letra: San Juan de la Cruz (español, 1542-1591)
Música: Comunidad de Taizé, © 1986 Les Presses de Taizé

EL ALMA QUE ANDA

Tengo sed de ti

Ten - go sed   de ti,   oh Fuen-te del A - mor.

Ten - go sed   de   ti: tu a - mor es li - ber - tad.

ENGLISH PRÉCIS: "I Thirst for You" I thirst for you, oh fountain of love. Your love is freedom.

Letra: basada en Salmos 103:1, © 1982 Les Presses de Taizé

Música: Jacques Berthier (francés, 1923-1994),
   © 1982 Les Presses de Taizé

BLESS THE LORD
5.6.5.6.

25   Sed vuestras propias lámparas

Sed vues-tras pro-pias lám-pa-ras; sed vues-tra pro-pia con-fian - za;

a - bra-zad la ver-dad in - te-rior   co - mo la ú - ni-ca luz.

Letra: atribuida a Siddarta Gautama Buda (indio, siglo V a. de J.C.)
Traducción: © 1999 Lilia Cuervo (colombiana, n. 1937)
Música: de una tonada en el *Antifonario Sarum*

LUMINA

184 "Be Ye Lamps unto Yourselves" en *Singing the Living Tradition*

En nuestra oscuridad

♩ = 63

En nues-tra os-cu-ri - dad, en-cien - de la
lla - ma de tu a - mor, Se - ñor, de tu a - mor, Se -
ñor. En nues-tra os-cu-ri - dad, en-cien - de la
lla-ma de tu a - mor, Se - ñor, de tu a - mor, Se - ñor.

ENGLISH PRÉCIS: "In Our Darkness" Light the flame of your love, Lord, in our darkness.

Letra: Comunidad de Taizé, © 1986 Les Presses de Taizé
Música: Jacques Berthier (francés, 1923-1994), © 1986 Les
    Presses de Taizé

DANS NOS OBSCURITÉS

27   Romero de América

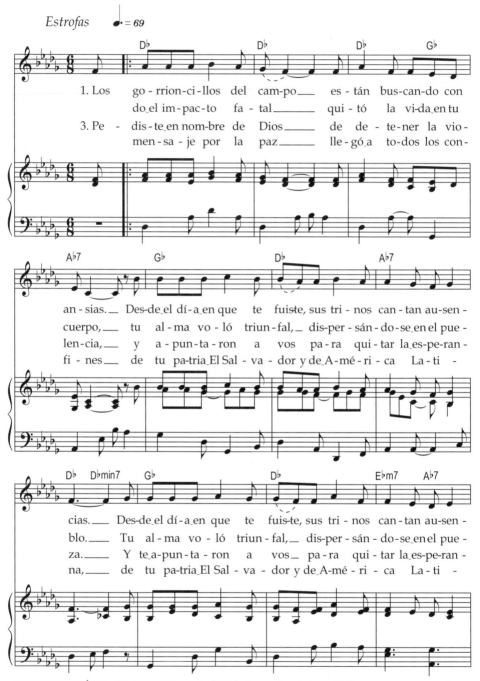

Estrofas ♩. = 69

1. Los go-rrion-ci-llos del cam-po___ es-tán bus-can-do con
do_el im-pac-to fa-tal___ qui-tó la vi-da_en tu
3. Pe - dis-te_en nom-bre de Dios___ de de-te-ner la vio-
men-sa-je por la paz___ lle-gó_a to-dos los con-

an - sias.___ Des-de_el dí-a_en que te fuis-te, sus tri - nos can-tan au-sen-
cuer-po,___ tu al - ma vo - ló triun-fal,___ dis-per-sán-do-se_en el pue-
len-cia,___ y a-pun-ta-ron a vos pa-ra qui-tar la_es-pe-ran-
fi - nes___ de tu pa-tria_El Sal - va - dor y de_A-mé-ri-ca La - ti -

cias.___ Des-de_el dí-a_en que te fuis-te, sus tri - nos can-tan au-sen-
blo.___ Tu al - ma vo - ló triun-fal,___ dis-per-sán-do-se_en el pue-
za.___ Y te_a-pun-ta-ron a vos___ pa-ra qui-tar la_es-pe-ran-
na,___ de tu pa-tria_El Sal - va - dor y de_A-mé - ri - ca La - ti -

ENGLISH PRÉCIS: "Romero of America" Monsignor Oscar Arnulfo Romero, your example of peace illuminates the poor of El Salvador and all Latin America. They destroyed your life, but your peaceful spirit triumphs.

Letra y música: © 2005 Félix Tello (argentino, n. 1934)
Arreglo: Susan Peck (estadounidense, n. 1960), © 2009 Asociación Unitaria Universalista

Coda

D♭   A♭7/E♭   A♭7   D♭   G♭

Te fuis-te, Mon-se - ñor ___ Os - car Ar-nul-fo Ro-me-ro, ___ pe-ro tu_ejem-plo que-

Coda

D♭   E♭m7   A♭7   D♭ D♭min7   G♭   D♭

dó i-lu-mi-nan-do_a los po - bres. Pe-ro tu_e-jem-plo que dó i-lu-mi-

E♭m7   A♭7   D♭

nan - do_a los po - bres. ___

1. Va - mos to-dos a - de - lan - - - te,
2. Can - ta - re-mos en voz al - - - ta,

siem-pre ha - cia a - de - lan - - - - te,
siem - pre en voz al - - - - ta,

siem - pre ha - cia a - de - lan - - - - te,
siem - pre en voz al - - - - ta,

sin vol - ver a - trás, sin vol - ver a - trás.
sin vol - ver a - trás, sin vol - ver a - trás.

3. Amaremos con pasión, siempre con pasión, *etc.*
4. Trabajemos para el cambio, siempre para el cambio, *etc.*

ENGLISH PRÉCIS: "Keep On Moving Forward/Never Turning Back" We will always raise our voices in song; we will love with passion; we will always work for change — never turning back.

Letra y música: Pat Humphries (estadounidense, n. 1960),
© 1984 Moving Forward Music
Traducción: © 2002 Ervin Barrios (mexicano, n. 1954)
Arreglo: © 2002 Gildardo Suárez Bernal (colombiano, n. 1967)

KEEP ON MOVING
FORWARD/
NEVER TURNING
BACK

Danos un corazón

Estribillo

Da-nos un co-ra - zón gran - de pa-ra_a - mar,

da-nos un co-ra - zón fuer - te pa - ra lu - char.

Estrofas

1. Gen - te nue - va cre_a-do - ra de la_his - to-ria cons-truc -
2. Gen - te nue - va lu - chan-do_en es - pe - ran-za, ca - mi -
3. Gen - te nue - va a - man - do sin fron - te-ras por en -

Letra y música: © 1972 Juan Antonio Espinosa (español, n. 1940)
Armonía; Samuel Pascoe (mexicano, siglo XX)
Con otro arreglo publicado por OCP Publications, Portland,
   Oregon, EE.UU.

GENTE NUEVA
11.10.11.11. con estribillo

Danos un corazón, pág. 2

to - ra de nue-va huma - ni - dad, gen-te nue-va que vi - ve la e-xis-
nan-tes se-dien - tes de ver-dad, gen-te nue-va sin fre-nos ni ca-
ci - ma de ra - zas y lu - gar, gen-te nue-va al la - do de los

ten - cia co - mo ries-go de un lar - go ca - mi - nar.
de - nas, gen - te li - bre que e-xi - ge li - ber - tad.
po - bres com-par - tien-do con e - llos te-cho y pan.

D.C. al Coda

30 Danos un corazón

Danos un co-ra-zón grande pa-ra a - mar,
co-ra-zón — grande pa - ra a - mar, a-mar.
Da-nos un co - ra - zón fuer-te pa - ra lu-char.
co-ra-zón —

Estrofas

1. Pue-blos nue-vos, crea-do - res de la his - to-ria, cons-truc-
2. Pue-blos nue-vos, lu - chan-do en es - pe - ran-za, ca - mi-
3. Pue-blos nue-vos, a - man-do sin fron - te-ras, por en-

ENGLISH PRÉCIS: "Give Us a Strong Heart" Give us a heart strong enough to love and fight for the freedom of all peoples — for those struggling in search of the truth. Renew us to embrace all humanity, breaking down all barriers.

Letra y música: © 1972, 1999 Juan Antonio Espinosa (español, n. 1940)
Arreglo: William James Ross (estadounidense, n. 1937), © 2009 Asociación Unitaria Universalista

PUEBLOS NUEVOS
11.10.11.11. con estribillo

to - res de nue-va_hu-ma-ni-dad. Pue-blos nuevos, que vi-ven la_exis-
nan-tes, se-dien - tos de ver-dad. Pue-blos nuevos, sin fre-nos ni ca-
ci - ma de ra - zas y lu - gar. Pue-blos nuevos, al la-do de los

D.C. al Fine

ten - cia co - mo ries-go de_un lar-go ca - mi - nar._____
de - nas, pue-blos li-bres que_e-xi-gen li - ber - tad._____
po - bres, com-par - tien-do con e-llos te-cho_y pan._____

31 Fuente de Amor

Unísono ♩=56

Fuen - te de_A - mor, ven ha - cia mí. Y_al co - ra -
zón, cán - ta - le tu com - pa - sión. So - pla_al vo -
lar, su - be_en la mar, has - ta mol - dear la jus -
ti - cia de la vi - da. A - rrái - ga - me, li - bé - ra -
me, Fuen - te de_A - mor, ven a mí, ven a mí.

Letra y música: © 1981 Carolyn McDade (estadounidense, n. 1935)
    Traducción: © 1999 Ervin Barrios (mexicano, n. 1954)
Armonía: Grace Lewis-McLaren (estadounidense, n. 1939),
    © 1992 Asociación Unitaria Universalista

SPIRIT OF LIFE
8.12.8.12.8.10.

123 "Spirit of Life" en *Singing the Living Tradition*

Sólo le pido a Dios

1. Só - lo le pi - do a Dios que el do - lor___ no me se - a in - di - fe - ren - te, que la re - se - ca muer - te no me en - cuen - tre va - cí - o y so - lo, sin ha - ber he -

2. Só - lo le pi - do a Dios que lo in - jus - to no me se - a in - di - fe - ren - te que no me a - bo - fe - té en la o - tra me - ji - lla des - pués que u - na ga - rra me a -

3. Só - lo le pi - do a Dios que el en - ga - ño no me se - a in - di - fe - ren - te si un trai - dor pue - de más que u - nos cuan - tos, que esos cuantos no lo ol - vi -

4. Só - lo le pi - do a Dios que el fu - tu - ro no me se - a in - di - fe - ren - te, des - ahu - cia - do es - tá el que tie - ne que mar - char___ a vi - vir u - na cul - tu -

ENGLISH PRÉCIS: "I Only Ask God" I only ask God that I not be indifferent to pain, deception, injustice, the future, or war – which is a monster that destroys innocence. I also ask that death not find me without having done enough.

Letra y música: © 1978 León Gieco (argentino, n. 1951)
Arreglo: © 2005 Gaylord E. Smith (estadounidense, n. 1939)
   y Gildardo Suárez Bernal (colombiano, n. 1967)

SÓLO LE PIDO A DIOS

fuer - te   to-da la po-bre i - no - cen - cia de   la gen -

te.   la po-bre i - no - cen - cia de   la gen - te.

33 **El amor nunca pasará**

ENGLISH PRÉCIS: "Love Will Never End" *Love will never end. Love is patient and kind, not envious or boastful. Love always forgives. It bears all things, hopes all things, endures all.* (Based on I Cor. 13:4–7.)

Letra y música: © 1997 Eleazar Cortés (mexicano, n. 1947)
Arreglo: Susan Peck (estadounidense, n. 1960),
   © 2009 Asociación Unitarian Universalista

EL AMOR NUNCA
PASARÁ

Estrofas

1. El a-mor es com-pren - si-vo, es ser-vi - cial,
2. No ac-tú-a con ba - je-za o pre-ten-sión.
3. El a-mor per-do-na siem-pre, sin un ren-cor.
4. El a-mor so-por - ta to-do, to - do lo cree,

no tie-ne_en-vi-dia,___ ni___ bus-ca_el mal.
No_hay a - pa-rien-cias, ni_hay pro-pio in-te - rés.
De to-da_o-fen-sa___ se_ol - vi-da - rá.
to - do lo_es-pe - ra___ y_es___ siem-pre fiel.

D.C. al Fine

34 Libertad

Li - ber - tad no es des - per - tar u - na ma-ña-na sin ca-
de - nas: es al-go más. Li - ber - tad no es po-se-
er las lla-ves de to-das las puer - tas: es al-go más.
Li - ber - tad, no es cons-tru - ir - te, so - li - ta-rio un mun-do a-

ENGLISH PRÉCIS: "Liberty" Liberty is more than waking up unchained. It is living in harmony with our neighbors, deciding together, working together for the freedom of all.

Letra y música: Campamento de Jóvenes Metodistas,
   Ing. Maschwitz, Buenos Aires
Arreglo: © 2005 Gildardo Suárez Bernal (colombiano, n. 1967)

LIBERTAD

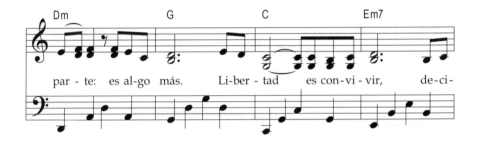

par - te: es al-go más. Li-ber - tad es con-vi - vir, de-ci-

dir, e-le - gir. Li-ber - tad es a - mar, com-pren-

der y lu - char pa - ra que to - dos ten-gan li - ber - tad.

35 Hazme un instrumento de tu paz

ENGLISH PRÉCIS: "Make Me an Instrument of Your Peace" Make me an instrument of your peace: that where there is hatred, I may bring love; where there is injury, your forgiveness, and where there is doubt, faith in you. Master, teach me not to seek consolation, but rather to console; to understand rather than be understood; and to love rather than seek to be loved.

Letra: San Francisco de Asís (italiano, c. 1182-1226)   SAN FRANCISCO
Traducción: anónimo, alt.
Música: Sebastian Temple (sudafricano, 1929-1997), © 1981 OCP Publications
Arreglo: William James Ross (estadounidense, n. 1937), © 2009 Asociación
   Unitaria Universalista

36 Cantando por nuestras vidas

1. So - mos hu - mil - de pueblo ai - ra - do, a - sí can -
2. So - mos un pue - blo de jus - ti - cia, a - sí can -
3. So - mos jó - ve - nes y an - cia - nos, a - sí can -
4. So - mos de to - dos los co - lo - res, a - sí can -
5. So - mos gays y a - lia - dos jun - tos, a - sí can -
6. So - mos hu - mil - de pueblo a - man - te, a - sí can -

ta - mos y he - mos de vi - vir.
ta - mos y he - mos de vi - vir.
ta - mos y he - mos de vi - vir.
ta - mos y he - mos de vi - vir.
ta - mos y he - mos de vi - vir.
ta - mos y he - mos de vi - vir.

Letra y música: Holly Near (estadounidense, n. 1944),
© 1979 Hereford Music
Traducción: © 2004 Gaylord E. Smith (estadounidense, n. 1939)
Arreglo: Patrick L. Rickey (estadounidense, n. 1964),
© 1992 Asociación Unitaria Universalista

SINGING FOR OUR LIVES
9.5.5..D.

170 "We Are a Gentle, Angry People" en *Singing the Living Tradition*

37 Ven, ven, cual eres, ven

Ven, ven, cual e-res, ven, nó-ma-da_en bús-que-da, si_a-mas la vi-da. La nues-tra_es la ca-ra-va-na de_a-mor. Ven, o-tra vez ven.

Letra: Yalal aDín Muhammad Rumí (persa, 1207-1273)
Música: © 1989 Lynn Adair Ungar (estadounidense, n. 1963)
Traducción: © 1999 Ervin Barrios (mexicano, n. 1954)

PILGRIMAGE

188 "Come, Come, Whoever You Are" en *Singing the Living Tradition*

Somos el niño

ENGLISH PRÉCIS: "We Are the Child" We are the child, we are the mother; we are the breast that feeds and quenches the thirst. We are the temple and the people, the voice that calls to serve. We are the strength of hands that sustain.

Letra y música: © 1999 Mary E. Grigolia (estadounidense, n. 1947)
Traducción: © 2001 Ervin Barrios (mexicano, n. 1954), Lilia Cuervo
    (colombiana, n. 1937) y Gaylord E. Smith (estadounidense, n. 1939)
Arreglo: William James Ross (estadounidense, n. 1937), © 2009
    Asociación Unitaria Universalista

BREATHING HERE
IN YOU
5.5.5.8.D con estribillo

ta - llo,   so - mos los pé - ta-los,
go - zo,   tu ma - ra - vi - lla,
so - mos   que la - te_y se_a - bre,

so - mos vi - sión   que___ te_en -
so - mos la luz   que___ te
so - mos a - quél   que___ per -

la - za con es - te   ro - sal._____
guí - a_en de - lei - te_o   do - lor._____
do - na_y que sa - be   sa - nar._____

Estribillo

So - mos la fuer - za de ma - nos que te sos-

tie-nen. _____ So-mos en tu_al - ma las an - sias de_a-

mor. _____ So-mos del vien - to la

voz del e - ter - no re - na-cer. So-mos pa-

sa - do_y_ por-ve - nir res-pi - ran - do_en ti. _____

39 Amar es entregarse

ENGLISH PRÉCIS: *"To Love Is to Surrender" Loving is forgetting the self and seeking happiness for the other. How beautiful it is to live in order to love, to have in order to give.*

Letra y música: canción tradicional de México
Arreglo: © 2005 Gildardo Suárez Bernal (colombiano, n. 1967)

AMAR ES
ENTREGARSE

Estribillo

¡Qué lin - do es vi - vir pa - ra a - mar! ¡Qué
gran - de es te - ner pa - ra dar! Dar a - le -
grí - a, fe - li - ci - dad, dar-se u - no mis - mo,
e - so es a - mar. e - so es a - mar.

40

Pequeña voz

Pe-que-ña voz, den-tro del ser, oi - go tu voz

can - tan - do. En mi do-lor, llan-to_y te - rror,

sien-to tu_a-mor can - tan - do. Siem-pre da - rás

cal-ma_y so - laz en mi pe - sar, can - tan - do.

Letra y música: © 1987 John Corrado (estadounidense, n. 1940)

Traducción: © 2010 Raquel M. Martínez (estadounidense, n. 1940)

VOICE STILL AND SMALL

391 "Voice Still and Small" en *Singing the Living Tradition*

Preciosa gracia

1. Pre - cio - sa gra - cia, gran po - der, que_a un in-fe - liz sal - vó. Per - di - do an - da - ba_y me en-con - tró, fui cie - go y pue - do ver.

2. La gra - cia me_a - yu - dó_a ven - cer mis du - das, mi te - mor. Pre - cio - sa gra - cia, tier - no a - mor, que me_en-se - ñó_a cre - er.

3. Pa - sé pe - li - gros y_a - flic - ción pa - ra lle - gar a - quí. La gra - cia que me tra - jo sal - vo a - sí, me lle - va - rá fe - liz.

4. Por mi - les de_a - ños sin ce - sar, bri - llan - do co - mo_el sol, ha - bre - mos de_a - la - bar la fuen-te del a - mor, su gra - cia dis - fru - tar.

Letra: John Newton (inglés, 1725-1807)
Traducción: © 2009 Ervin Barrios (mexicano, n. 1954)
Música: tonada estadounidense anónima del siglo XIX
Armonía: Austin Cole Lovelace (estadounidense, n. 1919),
    © 1964, 1992 Abingdon Press

AMAZING GRACE
8.6.8.6.

205 "Amazing Grace" en *Singing the Living Tradition*

42 Shalom

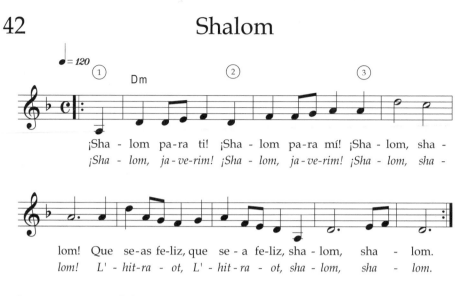

¡Sha - lom pa-ra ti! ¡Sha - lom pa-ra mí! ¡Sha - lom, sha -
¡Sha - lom, ja-ve-rim! ¡Sha - lom, ja-ve-rim! ¡Sha - lom, sha -

lom! Que se-as fe-liz, que se - a fe-liz, sha - lom, sha - lom.
lom! L' - hit-ra - ot, L' - hit-ra - ot, sha - lom, sha - lom.

Letra y música: canon hebreo tradicional

SHALOM

Versión en español: anónimo (El verdadero sentido del hebreo es: "Paz, amigos, hasta que nos veamos otra vez".)

400 "Shalom Havayreem" en *Singing the Living Tradition*

43 De ti yo recibo

De ti yo re - ci - bo, a ti te doy, a-

sí com - par - ti - mos y vi - vi - mos hoy.

Letra y música: © Nathan Segal 1969, 2008 (estadounidense, n. 1948)

RABBI

Traducción: © 1999 Lilia Cuervo (colombiana, n. 1937)

402 "From You I Receive" en *Singing the Living Tradition*

Campana sobre campana

Estrofas ♩ = 120

1. Cam-pa-na so-brecam-pa - na, y so-bre cam-pa-na
2. Cam-pa-na so-brecam-pa - na, y so-bre cam-pa-na

u - na, a - só-ma-te a la ven-ta - na,
dos, a - só-ma-te a la ven-ta - na,

ve - rás a un ni-ño en la cu - na. Be - lén, cam-pa-nas de Be -
es - tá na-cien-do el a - mor.

ENGLISH PRÉCIS: "Bell after Bell" Look through the window, where you will see the infant in his cradle. The angels sound the bells of Bethlehem: What news do they bring?

Letra y música: villancico andaluz tradicional
Arreglo: Daniel Ratelle (estadounidense, n. 1950),
© 2009 Asociación Unitaria Universalista

CAMPANAS DE BELÉN

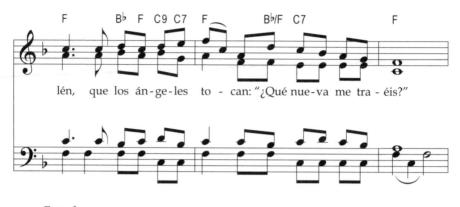

lén,   que los án-ge-les   to - can: "¿Qué nue-va me tra - éis?"

Estrofas

Re - co - gi - do   tu re - ba - ño,   ¿a - dón-de   vas
Ca - mi-nan - do a   me - dia-no - che,   ¿dón - de ca - mi-

pas - tor - ci - to?   "Voy   a   lle - var   al   por-tal_____
nas,   pas-tor?_____   "Le   lle-vo al   Ni - ño   que na - ce

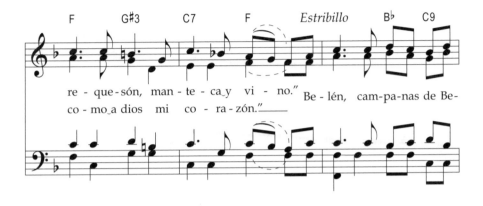

re - que-són, man - te - ca_y vi - no." Be - lén, cam-pa-nas de Be-
co - mo_a dios mi co - ra - zón."____

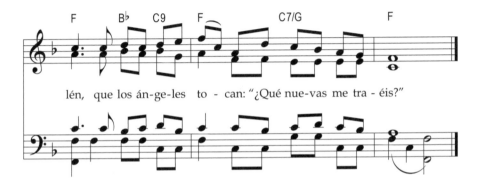

lén, que los án-ge-les to - can: "¿Qué nue-vas me tra - éis?"

45   Decoremos los salones

1. De - co - re - mos los sa - lo - nes,
2. Ved de - lan - te_a - quel gran le - ño,   fa la la la la,   la
3. Pron - to lle - ga_el A - ño Nue - vo

la   la   la.   Es   el tiem - po   de fes - to - nes,
Chis - pas e - cha,   se_ha - ce fue - go,
Dad - le vi - vas,   com - pa - ñe - ros,

fa la la la la,   la   la   la   la.   Ro - pa_a - le - gre
Sue - ne_el har - pa,
To - dos jun - tos

Letra y música: villancico tradicional galés   YULE
Traducción: © 2000 Gaylord E. Smith (estadounidense, n. 1939)

235 "Deck the Hall with Boughs of Holly" en *Singing the Living Tradition*

hoy ves - ti - mos,   Y en - to - na - mos
can - te el co - ro, fa la la la la la, la la la. Se o - ye el cuen - to
dis - fru - ta - mos,   Al can - tar sin

vi - llan - ci - cos,
del te - so - ro, fa la la la la,   la la la la.
más cui - da - dos,

46 Oh ven, oh ven, Emanuel

1. Oh ven, oh ven, E - ma - nu - el, res - ca - ta ya a Is - ra - el, que llo - ra en su de - so - la - ción
2. Sa - bi - du - rí - a ce - les - tial, al mun - do hoy ven a mo - rar. En - sé - ña - nos y haz - nos ver
3. An - he - lo de los pue - blos, ven, en ti po - dre - mos paz te - ner; de crue - les gue - rras lí - bra - nos

Letra: antífonas latinas del siglo IX
Traducción: © 1962 Federico J. Pagura (argentino, n. 1923)
Música: canto llano del siglo XV, adaptado por Thomas Helmore
   (inglés, 1811-1890)

VENI EMMANUEL
8.8.8.8.8.8.

225 "O Come, O Come, Emmanuel" en *Singing the Living Tradition*
   (con otro arreglo)

Estribillo

y es - pe-ra su li - be - ra - ción.
en   ti lo que po - de - mos ser.   Ven - drá, ven - drá E -
y   rei-ne so-be - ra - no Dios.

ma - nu - el,   ¡a - lé - gra - te, oh Is - ra - el!

Las posadas

♩ = 98

D   A7

Afuera 1. En nom - bre del cie - lo os pi -
Adentro 2. A - quí no es me - són, si - gan
Afuera 3. Ven - ni - mos ten - di - dos des - de
Adentro 4. No me im-por - ta el nom - bre, dé - jen -

D   D7

do po - sa - da, pues no pue - de an-
a - de - lan - te, pues no de - bo a -
Na - za - ret. Yo soy car - pin -
me dor - mir, pues que yo les

G   D/F♯ G   Em

dar ya mi es - po - sa a -
brir no se a al - gún tu -
te - ro de nom - bre Jo -
di - go que no he - mos de a

Afuera 5. Posada te pide, amado casero,
        por sólo una noche la reina del cielo

Afuera 7. Mi esposa es María, es reina del cielo,
        y madre va a ser del Divino Verbo.

Adentro 6. Pues si es una reina quien lo solicita,
        ¿cómo es que de noche anda tan solita?

Adentro 8. ¿Eres tú José? ¿Tu esposa es María?
        Entren peregrinos, no los conocía.

ENGLISH PRÉCIS: "Room at the Inn" In the name of Heaven, I ask you for lodging, for my beloved wife cannot keep walking. Maria is the Queen of Heaven and will be the mother of the Divine Word. Are you Joseph, and is this Maria? Then enter, pilgrims, I did not recognize you.

Letra y música: canción mexicana tradicional
Arreglo: © 2001 Raquel M. Martínez (estadounidense, n. 1940)

LAS POSADAS

ma - - - - - - da.
nan - - - - - - te.
sé.
brir.

Entren, santos peregrinos 48

1. En - tren, san - tos pe - re - gri - nos, pe - re - gri - nos, re - ci - ban es - te rin - cón, no de_es - ta po - bre mo - ra - da, si - no de mi co - ra - zón.

ENGLISH PRÉCIS: "Come, Holy Pilgrims" Holy pilgrims, receive the shelter, not of this poor house, but of my own heart.

Letra y música: canción mexicana tradicional
Arreglo: Robert E. Kreutz (estadounidense, 1922-1996), © 1990 OCP Publications

ENTREN, SANTOS PEREGRINOS
12.7.8.7.

49 Dichosa tierra, proclamad

1. ¡Di-cho-sa tie-rra, pro-cla-mad que vi-no ya Je-sús! En vues-tras al-mas pre-pa-rad a re-ci-bir su a

2. ¡Di-cho-sa tie-rra, el don de a-mor triun-fan-te va a rei-nar! Re-sue-nen co-ros, co-ros de lo-or en cie-lo tie-rra y en

3. Ce-se en el mun-do la a-flic-ción y ahu-yén-te-se el do-lor; que bro-te en ca-da co-ra-zón paz, go-zo y san-to a-paz,

Letra: Isaac Watts (inglés, 1674-1748)
Traducción: Speros D. Athans (griego, 1883-1969), alt.,
© 1961 Word Music, LLC
Música: George Friedrich Handel (alemán, 1685-1759)
Arreglo: Lowell Mason (estadounidense, 1792-1872)

ANTIOCH
8.6.8.6.6.8

245 "Joy to the World!" en *Singing the Living Tradition*

50   Oh, pueblecito de Belén

1. ¡Oh, pue-ble-ci-to de Be-lén, dur-mien-do en dul-ce paz! Los as-tros bri-llan so - bre ti con sua - ve cla-ri-

2. Al ni-ño que ha na-ci-do hoy el co - ro ce-les-tial en-to - na con so-no - ra voz un cán - ti - co triun-

3. Con ce-les-tial se - re-ni-dad des-cien - de nues-tro don; a - sí con-ce-de Dios su a - mor a ca - da co-ra-

Letra: Phillips Brooks (estadounidense, 1835-1893)
Traducción: 1927, Effie Chastain de Naylor (estadounidense,
   siglo XX) con partes de las estrofas 2 y 3 de la traducción de
   Tomás M. Westrup (mexicano, 1837-1909)
Música: Lewis H. Redner (estadounidense, 1830-1908)

ST. LOUIS
8.6.8.6.7.6.8.6.

246 "O Little Town of Bethlehem" en *Singing the Living Tradition*

51 Los zagales y zagalas

ENGLISH PRÉCIS: *"The Shepherds" Let us go and see the child, joyfully bringing our whistles and drums. Dear child, why do you weep? Come into my soul; I will sing for you. Everyone is bringing a gift, but I am poor, so I shall give him my heart.*

Letra y música: villancico colombiano tradicional
Arreglo: Susan Peck (estadounidense, n. 1960),
© 2009 Asociación Unitaria Universalista

LOS ZAGALES Y ZAGALAS

2. Yo soy un pobre gitano que vengo de Egipto aquí,
   y al Niño Jesús le traigo un gallo quiquiriquí,
   y al Niño Jesús le traigo un gallo quiquiriquí.

3. Al Niño recién nacido todos le traen un don.
   Yo soy pobre y nada tengo, le traigo el corazón.
   Yo soy pobre y nada tengo, le traigo el corazón.

¡Ay del chiquirritín!

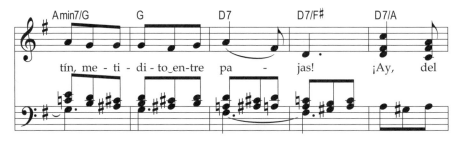

ENGLISH PRÉCIS: "Ah, the Little One" The little one, tucked in the straw, the dearly loved. Beneath the arch of the little porch, Mary, Joseph, and the blessed child are found.

Letra y música: villancico andaluz tradicional
Arreglo: William James Ross (estadounidense, n. 1937),
© 2009 Asociación Unitaria Universalista

CHIQUIRRITÍN

Estrofas

1. Por de - ba - jo del ar - - - co
2. En - tre_un buey y_u - na mu - - - la

del por - ta - li - ño, se des - cu - bre_a Ma -
Cris-to_ha na - ci - do y_en un po - bre pe -

D.C. al Fine

rí - a, Jo - sé, y_el Ni - - - ño.
se - bre lo_han re - co - gi - - - do.

53   El rorro

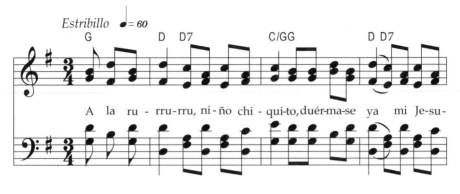

A la ru - rru-rru, ni - ño chi - qui-to, duér-ma-se ya mi Je-su-

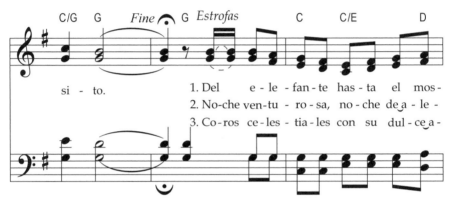

si - to.

1. Del e - le - fan - te has - ta el mos-
2. No-che ven-tu - ro-sa, no - che de a - le -
3. Co-ros ce - les - tia - les con su dul-ce a -

qui-to, guar-den si - len-cio, no le ha-gan rui - do.
grí - a, ben - di-ta la dul-ce, di - vi - na Ma - rí - a.
cen-to, can-ten la ven - tu - ra de es - te na - ci - mien - to.

ENGLISH PRÉCIS: *"Hush, Little Baby" Go to sleep, my little Jesus. From the elephant to the tiny mosquito, do not make the slightest noise. Oh, holy night, joyous night! Blessed be the holy Mother. Angel choirs, in heavenly accents, sing of this blessed birth.*

Letra y música: villancico mexicano tradicional
Arreglo: Daniel Ratelle (estadounidense, n. 1950),
    © 2009 Asociación Unitaria Universalista

EL RORRO

Noche de paz

Letra: Joseph Mohr (austríaco, 1792-1848)
Traducción: Federico Fliedner (alemán, 1845-1901), alt.
Música: Franz X. Gruber (austríaco, 1787-1863)

STILLE NACHT
8.7.10.10.7.7.

251 "Silent Night, Holy Night" en *Singing the Living Tradition*

55 Vamos, pastores, vamos

Estribillo ♩ = c. 82

Va - mos, pas-to - res, va-mos, va-mos a Be - lén a ver en e-se ni-ño

la glo-ria del E - dén; a ver en e-se ni-ño la glo-ria del E-

dén. a ver en e-se ni-ño la glo-ria del E - dén. *Fine*

Estrofas

1. E - se pre-cio - so ni - ño, yo me mue-ro por él;___
2. Un es - ta-blo es su cu - na, su ca-sa es un por - tal,___
3. Es tan lin-do el chi - qui - to que nun-ca po-drá ser___

ENGLISH PRÉCIS: *"Shepherds, On to Bethlehem"* Let us go to Bethlehem to see the child, the glory of Eden, whose beauty will never be captured by pencil or brush. I ask but one great gift: that in the eternal dwelling I will find myself close to him.

Letra y música: Eduardo Ciria (español, siglo XVI), alt.
Arreglo: William James Ross (estadounidense, n. 1937),
© 2009 Asociación Unitaria Universalista

VAMOS PASTORES
VAMOS
7.6.7.6.D.6

56   A medianoche se escuchó

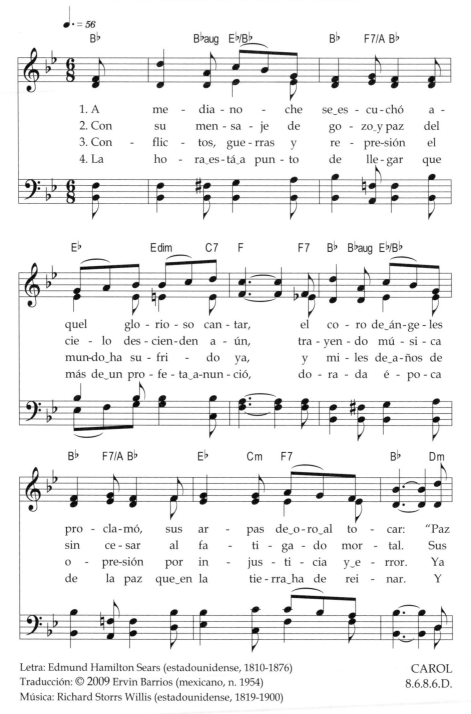

1. A medianoche se_escuchó a-quel glo-rio-so can-tar, el co-ro de_án-ge-les pro-cla-mó, sus ar-pas de_o-ro_al to-car: "Paz
2. Con su men-sa-je de go-zo_y paz del cie-lo des-cien-den a-ún, tra-yen-do mú-si-ca sin ce-sar al fa-ti-ga-do mor-tal. Sus
3. Con-flic-tos, gue-rras y re-pre-sión el mun-do_ha su-fri-do ya, y mi-les de_a-ños de o-pre-sión por in-jus-ti-cia y_e-rror. Ya
4. La ho-ra_es-tá_a pun-to de lle-gar que más de_un pro-fe-ta_a-nun-ció, do-ra-da é-po-ca de la paz que_en la tie-rra_ha de rei-nar. Y

Letra: Edmund Hamilton Sears (estadounidense, 1810-1876)
Traducción: © 2009 Ervin Barrios (mexicano, n. 1954)
Música: Richard Storrs Willis (estadounidense, 1819-1900)

CAROL
8.6.8.6.D.

244 "It Came upon the Midnight Clear" en *Singing the Living Tradition*

57 Del Oriente somos los tres

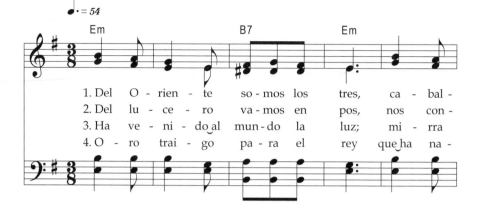

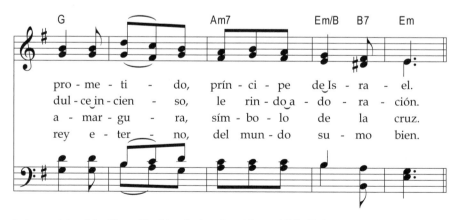

1. Del O - rien - te so - mos los tres, ca - bal -
2. Del lu - ce - ro va - mos en pos, nos con -
3. Ha ve - ni - do al mun - do la luz; mi - rra
4. O - ro trai - go pa - ra el rey que ha na -

ga - mos has - ta Be - lén, que ha na - ci - do el
du - ce al hi - jo de Dios; yo le o - frez - co
yo le o - frez - co a Je - sús, mi - rra pu - ra,
ci - do a - quí en Be - lén; rey ex - cel - so,

pro - me - ti - do, prín - ci - pe de Is - ra - el.
dul - ce in - cien - so, le rin - do a - do - ra - ción.
a - mar - gu - ra, sím - bo - lo de la cruz.
rey e - ter - no, del mun - do su - mo bien.

Letra y música: John Henry Hopkins, Jr. (estadounidense, 1820-1891) KINGS OF ORIENT
Traducción: Effie Chastain de Naylor (estadounidense, 1899-1983)

259 "We Three Kings of Orient Are" en *Singing the Living Tradition*

Estribillo

¡Oh, as - tro de su - bli - me ar - dor, de di - vi - no res - plan - dor! Nun - cio be - llo, tus des - te - llos nos guia - rán con su ful - gor.

58 Jesucristo asciende hoy

♩ = 112

1. Je - su - cris - to as - cien - de hoy,
2. He - cha la o - bra de su a - mor,
3. Fuer - te nues - tro co - ra - zón,
4. Hoy su - ba - mos con Je - sús,

¡A - - - le -

Can - ta el cie - lo en jú - bi - lo,
La ba - ta - lla se ga - nó,
¿Dón - de, oh Muer - te, tu a - gui - jón?
I - mi - tan - do su vir - tud,

lu - ya!

¡A - - - le - lu - ya!

Voz triun - fal re -
¿Su as - cen - sión la im -
La ver - dad nos
Des - ti - na - dos

Letra: Charles Wesley (inglés, 1707-1788), alt.
Música: anónimo, Lyra Davidica (1708)
Traducción: © 2002 Gaylord E. Smith (estadounidense, n. 1939)

EASTER HYMN
7.7.7.7. con aleluyas

268 "Jesus Christ Is Risen Today" en *Singing the Living Tradition*

pli - ca - rá,
pi - de quién?
li - bra - rá,
a as - cen - der,

¡A - - - le - lu - ya!

Su - ba el go - zo te - rre - nal,
Cris - to o - fre - ce un nue - vo E - dén,
¡Oh, Se - pul - cro, ro - to es - tás!
Nues - tro el pa - ra - í - so es.

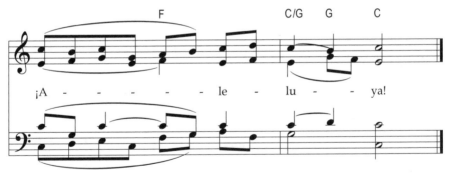

¡A - - - - - le - lu - ya!

59 El botón es flor mañana

Unisono ♩ = 108

1. El bo-tón es flor ma-ña-na, la se-mi-lla man-za-nal; el ca-pu-llo es pro-me-sa, ma-ri-po-sa en li-ber-tad. El in-vier-no es pri-ma-ve-ra en es-pe-ra de na-cer; en-cu-bier-ta has-ta su tiem-po, só-lo Dios la pue-de ver.

2. Del si-len-cio sur-ge el ver-so en me-ló-di-ca can-ción; de ti-nie-blas na-ce el al-ba; de es-pe-ran-za, la o-ca-sión. El pa-sa-do, el fu-tu-ro, hoy mis-te-rio ha-brá de ser, en-cu-bier-to has-ta su tiem-po, só-lo Dios lo pue-de ver.

3. En el fin es-tá el prin-ci-pio, en el tiem-po in-fi-ni-dad; en la du-da hay cre-en-cia; en la vi-da e-ter-ni-dad. En la muer-te hay nue-va vi-da pa-ra el mal a-sí ven-cer; en-cu-bier-ta has-ta su tiem-po, só-lo Dios la pue-de ver.

ENGLISH PRÉCIS: *"The Bud Is Tomorrow's Flower"* In the bulb there is a flower, in the seed an apple tree, a song in every silence, a dawn in every darkness. In our present and in our future, there are mysteries that God alone can see.

Letra y música: Natalie Sleeth (estadounidense, 1930-1992),
© 1986 Hope Publishing Co.
Traducción: Oscar L. Rodríguez (siglo XX), © 1987 Hope Publishing Co.

PROMISE
8.7.8.7.D

Nos hemos reunido

Letra: Dorothy Caiger Senghas (estadounidense, 1930-2002) y
  Robert E. Senghas (estadounidense, n. 1928), © 1992
  Asociación Unitaria Universalista
Traducción: © 2000 Gaylord E. Smith (estadounidense, n. 1939)
Música: tonada folclórica holandesa del *Nederlandtsch Gedenckclanck* (1626)
  de Adrián Valerius
Arreglo: Edward Kremser (austríaco, 1838-1914)

KREMSER
12.11.13.12.

349 "We Gather Together" en *Singing the Living Tradition*

61   Las mañanitas

 És-tas son las ma-ña-ni - tas que can - ta - ba el rey David. Hoy por ser día de tu san - to te las can - ta - mos a -
qui. Des - pier - ta, mi bien, des - pier - ta, mi - ra que ya a-ma-ne -
ció. Ya los pa - ja-ri-llos can - tan, la lu-na ya se me - tió.

Qué lin-da es - tá la ma - ña - na   en que ven - go a
El   dí-a en que tú na - cis - te   na - cie - ron   to -

ENGLISH PRÉCIS: *"Serenade" Today we celebrate your birthday with song. Wake up, my lovely; the birds are singing. What a beautiful morning when I come to greet you. The day you were born, all the flowers bloomed, and at your baptism, the nightingales sang.*

Letra y música: canción mexicana tradicional   LAS MAÑANITAS
Arreglo: © 2005 Gildardo Suárez Bernal (colombiano, n. 1967)

62   No rompas este círculo

♩ = 60

1. No rom - pas es - te cír - cu - lo de a - mor, en
2. Con - tem - pla nues-tro a - mor que bro-ta a - quí en
3. Ven, jún - ta - te al im - pul - so li - bra - dor de

que el per - dón se en - tre - ga y se re - ci - be. In -
don - de to - dos ha - blan li - bre - men - te y
gen - te de cual - quier na - ción o ra - za que

vi - ta a mu - chos, haz - lo en - san - char, pa -
na - die a - cu - sa al pró - ji - mo de un mal. Los
bus - que su des - ti - no en paz cum - plir con

ra que a - bar - que a to - do ser que vi - ve.
la - zos que nos u - nen du - ren siem - pre.
ac - tos de a - le - grí - a, a - mor y gra - cia.

Letra: Fred Kaan (holandés, n. 1929), © 1975 Hope Publishing Co.   YADDO
Traducción: Gaylord E. Smith (estadounidense, n. 1939),   10.11.10.11.
    © 2009 Hope Publishing Co.
Música: Thomas Benjamin (estadounidense, n. 1940),
    © 1992 Asociación Unitaria Universalista

323 "Break Not the Circle" en *Singing the Living Tradition*

Alabadle (Haleluhu)

Letra y música: canto hebreo tradicional basado en Salmos 150: 5-6.
Adaptación al español: © 2002 Gaylord E. Smith (estadounidense, n. 1939)
Arreglo: Mark Slegers (estadounidense, n. 1948),
© 1993 Asociación Unitaria Universalista

HALELUHU
Irregular

280 "Haleluhu" en *Singing the Living Tradition*

Vienen con alegría

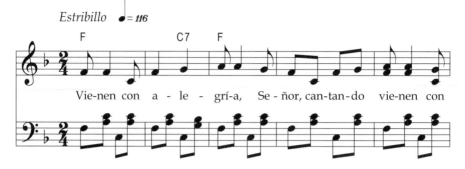

ENGLISH PRÉCIS: "They Come With Joy" They come with joy, Lord, those who journey through life spreading your peace and love. They bring hope to the tired, discouraged community, working to make this world a better place to live in peace with one another.

Letra y música: © 1979 Cesáreo Gabaráin (español, 1936-1991)
Arreglo: © 2005 Gildardo Suárez Bernal (colombiano, n. 1967)

VIENEN CON ALEGRÍA
9.9.10.9. con estribillo

Estrofas

1. Vie - nen tra - yen - do la es - pe - ran - - - za a un
2. Vie - nen tra - yen-do en - tre sus ma - - nos es -
3. Cuan-do el o - dio y la vio - len - - - cia a -

mun-do car - ga - do de an-sie - dad, a un
fuer-zos de her - ma - nos por la paz, de -
ni - dan en nues-tro co - ra - zón, el

mun-do que bus-ca y que no al - can - - za ca -
se - os de un mun-do más hu - ma - - no que
mun-do sa - brá que por he - ren - - cia le a -

mi - nos de a - mor y de a-mis - tad.
na - cen del bien y la ver - dad.
guar-dan tris - te - zas y do - lor.

65 Ven, ven, alégrate hoy

♩ = 112

1. Ven, ven, a-lé-gra-te hoy. Ven, ven, a-lé-gra-te hoy.
2. Ven a es-cu-char la can-ción. Ven a es-cu-char la can-ción.
3. Ven, a-bier-to_el co-ra-zón. Ven, a-bier-to_el co-ra-zón.

Es hoy un dí-a muy fe-liz.

Ven, ven, a-lé-gra-te hoy.

4. No tengas miedo_a cambiar, *etc.*
5. Ven, ven, alégrate hoy, *etc.*

Letra y música: Louise Ruspini (siglo xx)
Traducción: © 1999 Lilia Cuervo (colombiana, n. 1937)
Arreglo: Betty A. Wylder (estadounidense, 1923-1994),
  © 1992 Asociación Unitaria Universalista

REJOICE
7.7.8.7.

361 "Enter, Rejoice, and Come In" en *Singing the Living Tradition*

Que recibamos esta luz

ENGLISH PRÉCIS: "May We Be Open to This Light" May we be open to this light and the beauty of the rich landscape it offers us.

Letra: Charles A. Howe (estadounidense, n. 1922)
Traducción: © 2002 Gaylord E. Smith (estadounidense, n. 1939)
Música: Thomas Benjamin (estadounidense, n. 1940)

MAY WE BE OPEN TO
THIS LIGHT

Brille tu luz

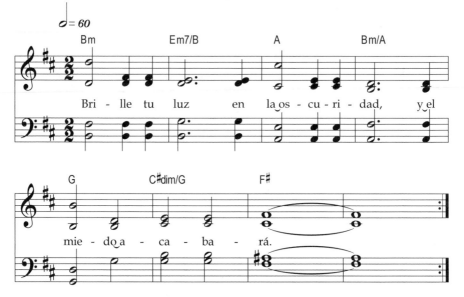

Bri - lle tu luz en la os - cu - ri - dad, y el
mie - do a - ca - ba - rá.

ENGLISH PRÉCIS: "Shine Your Light" Illuminate the darkness and fear will go away.

Letra y música: John L. Bell (escocés, n. 1949),
© 1987, 2008 Comunidad de Iona
Traducción: © 1987, 2008 Comunidad de Iona

KINDLE A FLAME

Mi pequeñita luz

Letra y música: canción espiritual afroamericana (c. 1750-1875)
Traducción: © 2010 Raquel M. Martínez (estadounidense, n. 1940)
Armonía: Horace Clarence Boyer (estadounidense, n. 1935)

LATTIMER

118 "This Little Light of Mine" en *Singing the Living Tradition*

Cantemos ¡sí!

69

2. Canta al poder de la religión…
3. Canta al poder de la caridad…
4. Canta al poder del espíritu…

Letra y música: anónimo

ROBESON

Traducción: © 1999 Lilia Cuervo (colombiana, n. 1937)

368 "Now Let Us Sing" en *Singing the Living Tradition*

De todos bajo el gran sol

70

De to - dos ba - jo el gran sol sur - ja es - pe - ran - za,

fe y a - mor, ver - dad, be - lle - za en

la can - ción, de ca - da tie - rra, ca - da voz.

Letra: Isaac Watts (inglés, 1674-1748), alt.
Traducción: anónimo
Música: Salterio de Ginebra (1551)

OLD HUNDREDTH
8.8.8.8.

381 (Letra) "From All That Dwell" en *Singing the Living Tradition*

Unidos en el misterio

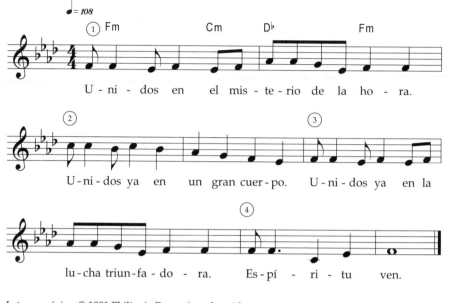

U - ni - dos en el mis - te - rio de la ho - ra.

U - ni - dos ya en un gran cuer - po. U - ni - dos ya en la

lu - cha triun - fa - do - ra. Es - pí - ri - tu ven.

Letra y música: © 1991 Philip A. Porter (estadounidense, n. 1953)

Traducción: © 2000 Gaylord E. Smith (estadounidense, n. 1939)

GATHERING CHANT

389 "Gathered Here" en *Singing the Living Tradition*

Danos paz

Da - nos paz, da - nos paz en el ca - mi - no,
Do - na no - bis pa - cem, pa - cem.

cal - ma el can - san - cio y la in - quie - tud con tu sua - ve voz.
Do - - - na no - bis pa - - - cem.

Luz, paz, en el ca - mi - no da - nos cal - ma
Do - na no - bis pa - cem. Do - na no - bis

con tu sua - ve voz. Da - nos luz en el ca -
pa - - - cem. Do - na no - bis

mi - no, da - nos cal - ma con tu sua - ve voz.
pa - cem. Do - na no - bis pa - - cem.

Letra en latín: canon tradicional
Letra en español: © 1989 Federico J. Pagura (argentino, n. 1923)
Música: melodía alemana del siglo XVII

DONA NOBIS PACEM

388 "Dona Nobis Pacem" en *Singing the Living Tradition*

73 Vayan en paz

Va-yan en paz, va-yan en paz.

Pue-da el a - mor ro - de-ar-los por do - quier,

por do - quier, por do - quier

Letra y música: Natalie Sleeth (estadounidense, 1930-1992),
© 1976 Hinshaw Music, Inc.
Traducción: © 1999 Ervin Barrios (mexicano, n. 1954)

GO IN PEACE

413 "Go Now in Peace" en *Singing the Living Tradition*

Día ya es

Dí - a ya es. No - che se fue.

Se a - so - ma el sol, y ¡qué be - llo se ve!

Letra y música: canon tradicional
Traducción: © 2001 Gaylord E. Smith (estadounidense, n. 1939)

MOORE
4.4.4.5.

397 "Morning Has Come" en *Singing the Living Tradition*

75 De rodillas partamos hoy el pan

Unísono ♩ = 56

1. De ro-di-llas par-ta-mos hoy el pan,
2. Com-par-ta-mos la co-pa en gra-ti-tud,
3. De ro-di-llas lo-e-mos al Se-ñor,

de ro-di-llas par-ta-mos hoy el pan.
com-par-ta-mos la co-pa en gra-ti-tud.
de ro-di-llas lo-e-mos al Se-ñor.

De ro-di-llas es-toy con el ros-tro al na-cien-te

sol. ¡Oh, Dios, a-piá-da-te de mí!

Letra y música: canción espiritual de los norteamericanos negros
Traducción: © 1962 Federico J. Pagura (argentino, n. 1923)

LET US BREAK BREAD
10.10 con estribillo

406 "Let Us Break Bread Together" en *Singing the Living Tradition*

Lleva la llama

76

Lle - va la lla - ma de paz y a -

mor, y nos ve - mos o - tra

vez. vez.

ENGLISH PRÉCIS: "Carry the Flame" Carry the flame of peace and love, and we will see each other again.

Letra y música: © 1979 Patricia Pavey (canadiense, n. 1945) CARRY THE FLAME
Traducción: © 2002 Gaylord E. Smith (estadounidense, n. 1939)
Arreglo: © 1990 Harold Brown (canadiense, n. 1917)

Tres lecturas

77
Afirmación

El amor es la doctrina de esta iglesia,
la búsqueda de la verdad es su sacramento
y el servicio es su oración.
Habitar juntos en paz,
buscar la verdad con libertad,
servir a la humanidad juntos,
con el fin de que todas las almas
puedan crecer en armonía con lo divino
— esto es lo que pactamos entre nosotros.

L. Griswold Williams (estadounidense, 1893–1942), alt.
Traducción: © 2002 Ervin Barrios (mexicano, n. 1954)
#471 en *Singing the Living Tradition*

78
Encendido del cáliz

Que esta luz que ahora encendemos
nos inspire a usar nuestros dones y poderes
para sanar y no para herir,
para ayudar y no para impedir,
para bendecir y no para maldecir,
para servirte a ti, Espíritu de amor, compasión y perdón.

Hagadá de la Pascua judía, alt.
Traducción: © 2002 Lilia Cuervo (colombiana,
    n. 1937)
#453 en *Singing the Living Tradition*

79
Extinción del cáliz

Extinguimos esta llama
pero no la luz de la verdad,
el calor de comunidad
o el fuego de nuestro compromiso.
Estos los llevaremos en el corazón
hasta que estemos juntos otra vez.

© 1993 Elizabeth Selle Jones (estadounidense, 1926–2006)
Traducción: © 2002 Lilia Cuervo (colombiana, n. 1937)
#456 en *Singing the Living Tradition*

Índice temático

Información sobre el origen del texto y la música

Índice de primeras líneas y títulos

Cuando el nombre de la canción es diferente de la primera línea, se dan los dos. Los títulos están todas en mayúsculas

Acknowledgments

We gratefully acknowledge our indebtedness to these individuals and publishers who have granted permission for use of their copyrighted material.

1 Translation: © 1999 Gaylord E. Smith.
   Harmony: © 1985 David Dawson.
2 Words, Music: Cesáreo Gabaráin, published by OCP Publications, 5536 NE Hassalo, Portland, OR 97213, all rights reserved, used with permission.
   Harmony: © 2002 Gildardo Suárez Bernal.
3 Arrangement: William James Ross, ASCAP, © 2009 Unitarian Universalist Association.
4 Translation: © 2010 Gaylord E. Smith and Raquel M. Martínez.
5 Translation: © 1962 Bishop Federico J. Pagura.
   Harmony: Carlton R. Young, Abingdon Press (administered by the Copyright Company, Nashville, TN), all rights reserved, international copyright secured, used by permission.
7 Words: Brian Wren, © 1989 Hope Publishing Company, Carol Stream, IL 60188, all rights reserved, used by permission.
   Translation: 2002 Ervin Barrios, Gaylord E. Smith, © 2009 Hope Publishing Company, Carol Stream, IL 60188, all rights reserved, used by permission.
   Music: Carlton R. Young, © 1989 Hope Publishing Company, Carol Stream, IL 60188, all rights reserved, used by permission.
8 Translation: Federico J. Pagura, © 1996 Abingdon Press (administered by the Copyright Company, Nashville, TN), all rights reserved, international copyright secured, used by permission.
9 Words, Music: © 1989 Mary E. Grigolia.
   Translation: © 2010 Ervin Barrios.
10 Words: Eleanor Farjeon, © 1931 David Higham Associates, used with permission.
   Translation: © 1999 Gaylord E. Smith.
   Harmony: David Evans (1874–1948) from *The Revised Church Hymnary 1927,* reproduced by permission of Oxford University Press, all rights reserved.
11 Words, Music: GIA, copyright © 1986 by Les Presses de Taizé (France), used by permission of GIA Publications, Inc., all rights reserved, printed in U.S.A., 7404 S. Mason Ave., Chicago, IL 60638, www.giamusic.com, 800/422–1358.
12 Words, Music: GIA, copyright © 1991 by Les Presses de Taizé (France), used by permission of GIA Publications, Inc., all rights reserved, printed in U.S.A., 7404 S. Mason Ave., Chicago, IL 60638, www.giamusic.com, 800/422–1358.
13 Translation: © 2002 Gaylord E. Smith.
14 Verse 3 Translation: © 1999 Lilia Cuervo.
   Arrangement: Alfredo Aníbal Morales, copyright © 1987 World Library Publications, 3708 River Road, Suite 400, Franklin Park, IL 60131–2158, 800/566–6150, www.wlpmusic.com, all rights reserved, used by permission.
15 Words, Music: Kim Oler, copyright © 1990, 2003 Helium Music, all rights cleared through Blue Parasol, a division of Helene Blue Musique Ltd., reprinted by permission, all rights reserved.
   Translation: Gaylord E. Smith, © 2009 Helium Music, all rights cleared through

Blue Parasol, a division of Helene Blue Musique Ltd., reprinted by permission, all rights reserved.

16 Words, Music: © 1992 Jane Parker Huber, used by permission of Janet Huber Lowry.
Translation: © 1996 Ana Inés Braulio-Corchado, alt. Gaylord E. Smith.

18 Words: Carl G. Seaburg, © 1992 Unitarian Universalist Association.
Translation: © 2001 Lilia Cuervo.
Harmony: Larry Phillips, © 1992 Unitarian Universalist Association.

19 Words, Music: Jesús Adrián Romero, © 1996 Vastago Producciones.
Arrangement: Susan Peck, © 2009 Unitarian Universalist Association.

20 Translation: © 2002 Gaylord E. Smith.

21 Words, Music: Daniel Iverson, © 1935, renewed 1963 Birdwing Music (admin. By EMI Christian Music Publishing c/o: Music Services), all rights reserved, used by permission.

22 Music: GIA, copyright © 1986 by Les Presses de Taizé (France), used by permission of GIA Publications, Inc., all rights reserved, printed in U.S.A., 7404 S. Mason Ave., Chicago, IL 60638, www.giamusic.com, 800/422-1358.

23 Music: GIA, copyright © 1986 by Les Presses de Taizé (France), used by permission of GIA Publications, Inc., all rights reserved, printed in U.S.A., 7404 S. Mason Ave., Chicago, IL 60638, www.giamusic.com, 800/422-1358.

24 Words, Music: GIA, copyright © 1982 by Les Presses de Taizé (France), used by permission of GIA Publications, Inc., all rights reserved, printed in U.S.A., 7404 S. Mason Ave., Chicago, IL 60638, www.giamusic.com, 800/422-1358.

25 Translation: © 1999 Lilia Cuervo.

26 Words, Music: GIA, copyright © 1986 by Les Presses de Taizé (France), used by permission of GIA Publications, Inc., all rights reserved, printed in U.S.A., 7404 S. Mason Ave., Chicago, IL 60638, www.giamusic.com, 800/422-1358.

27 Words, Music: © 2005 Félix Tello.
Arrangement: Susan Peck, © 2009 Unitarian Universalist Association.

28 Words, Music: Pat Humphries, © 1984 Moving Forward Music, BMI, www.emmasrevolution.com, used by permission.
Translation: © 2002 Ervin Barrios.
Arrangement: © 2002 Gildardo Suárez Bernal.

29 Words, Music: © 1972 Juan Antonio Espinosa.
Harmony: Samuel Pascoe.

30 Words, Music: © 1972, 1999 Juan A. Espinosa, published by OCP Publications, 5536 NE Hassalo, Portland, OR 97213, all rights reserved, used with permission.
Arrangement: William James Ross, ASCAP, © 2009 Unitarian Universalist Association.

31 Words, Music: © 1981 Carolyn McDade.
Translation: © 1999 Ervin Barrios.
Harmony: Grace Lewis-McLaren, © 1992 Unitarian Universalist Association.

32 Words, Music: © 1978 León Gieco (Argentinian composer and popular singer).
Arrangement: © 2005 Gaylord E. Smith, Gildardo Suárez Bernal.

33 Words, Music: © 1997 Eleazar Cortés , published by OCP Publications, 5536 NE Hassalo, Portland, OR 97213, all rights reserved, used with permission.
Arrangement: Susan Peck, © 2009 Unitarian Universalist Association.

34 Arrangement: © 2005 Gildardo Suárez Bernal.

35 Music: Sebastian Temple, © 1981, OCP Publications, 5536 NE Hassalo, Portland, OR 97213, all rights reserved, used with permission.
Arrangement: William James Ross, ASCAP, 2009 Unitarian Universalist Association.

36 Words, Music: Holly Near, © Hereford Music, 1979, used by permission, www.hollynear.com.
Translation: © 2004 Gaylord E. Smith.
Arrangement: Patrick L. Rickey, © 1992 Unitarian Universalist Association.

37 Music: © 1989 Lynn Adair Ungar.
Translation: © 1999 Ervin Barrios.

38 Words, Music: © 1999 Mary E. Grigolia.
Translation: © 2001 Ervin Barrios, Gaylord E Smith, Lilia Cuervo.
Arrangement: William James Ross, ASCAP, © 2009 Unitarian Universalist Association.

39 Arrangement: © 2005 Gildardo Suárez Bernal.

40 Words, Music: © 1987 John Corrado.
Translation: © 2010 Raquel M. Martínez.

41 Translation: © 2009 Ervin Barrios.
Arrangement: Austin Cole Lovelace, © 1964, 1992 Abingdon Press (administered by the Copyright Company, Nashville, TN), all rights reserved, international copyright secured, used by permission.

43 Words, Music: Nathan Segal, © 1969, 2008; www.natan.net.
Translation: © 1999 Lilia Cuervo.

44 Arrangement: Daniel Ratelle, © 2009 Unitarian Universalist Association.

45 Translation: © 2000 Gaylord E. Smith.

46 Translation: © 1962 Bishop Federico J. Pagura.

47 Arrangement: © 2001 Raquel M. Martínez.

48 Arrangement: Robert E. Kreutz, © 1990 OCP Publications, 5536 NE Hassalo, Portland, OR 97213, all rights reserved, used with permission.

49 Translation: Speros D. Athans, © 1961 Word Music, LLC, all rights reserved, used by permission.

51 Arrangement: Susan Peck, © 2009 Unitarian Universalist Association.

52 Arrangement: William James Ross, ASCAP, © 2009 Unitarian Universalist Association.

53 Arrangement: Daniel Ratelle, © 2009 Unitarian Universalist Association.

55 Arrangement: William James Ross, ASCAP, © 2009 Unitarian Universalist Association.

56 Translation: © 2009 Ervin Barrios.

58 Translation: © 2002 Gaylord E. Smith.

59 Words, Music: Natalie Sleeth, © 1986 Hope Publishing Company, Carol Stream, IL 60188, all rights reserved, used by permission.
Translation: Oscar Rodríguez, © 1987 Hope Publishing Company, Carol Stream, IL 60188, all rights reserved, used by permission.

60 Words: Dorothy Caiger Senghas and Robert E. Senghas, © 1992 Unitarian Universalist Association.
Translation: © 2000 Gaylord E. Smith.

61 Arrangement: © 2005 Gildardo Suárez Bernal.

62 Words: Fred Kaan, © 1975 Hope Publishing Company, Carol Stream, IL 60188, all rights reserved, used by permission.
Translation: Gaylord E. Smith, © 2009 Hope Publishing Company, Carol Stream, IL 60188, all rights reserved, used by permission.
Music: Thomas Benjamin, © 1992 Unitarian Universalist Association.
63 Spanish adaptation: © 2002 Gaylord E. Smith.
Arrangement: Mark Slegers, © 1993 Unitarian Universalist Association.
64 Words, Music: Cesáreo Gabaráin, published by OCP Publications, 5536 NE Hassalo, Portland, OR 97213, all rights reserved, used with permission.
Arrangement: © 2005 Gildardo Suárez Bernal.
65 Translation: © 1999 Lilia Cuervo.
Arrangement: Betty A. Wylder, © 1992 Unitarian Universalist Association.
66 Words: © Charles A. Howe.
Translation: © 2002 Gaylord E. Smith.
Music: © Thomas Benjamin.
67 Words, Music: John L. Bell, © 1987, 2008 WGRG The Iona Community (Scotland), used by permission of GIA Publications, Inc., all rights reserved, printed in U.S.A., 7404 S. Mason Ave., Chicago, IL 60638, www.giamusic.com, 800/442–1358.
Translation: © 1987, 2008 WGRG The Iona Community (Scotland), used by permission of GIA Publications, Inc., all rights reserved, printed in U.S.A, 7404 S. Mason Ave., Chicago, IL 60638, www.giamusic.com, 800/442–1358.
68 Arrangement: Horace Clarence Boyer.
Translation: © 2010 Raquel M. Martínez.
69 Translation: © 1999 Lilia Cuervo.
71 Words, Music: © 1991 Philip A. Porter.
Translation: © 2000 Gaylord E. Smith.
72 Translation: © 1989 Bishop Federico J. Pagura.
73 Words, Music: Natalie Sleeth, © 1976 Hinshaw Music, Inc., translated and printed with permission.
Translation: © 1999 Ervin Barrios.
74 Translation: © 2001 Gaylord E. Smith.
75 Translation: © 1962 Bishop Federico J. Pagura.
76 Words and Music: © 1979 Patricia Pavey.
Translation: © 2002 Gaylord E. Smith.
Arrangement: © 1990 Harold Brown.
77 Translation: © 2002 Ervin Barrios.
78 Translation: © 2002 Lilia Cuervo.
79 English: © Elizabeth Selle Jones, reprinted by permission of Jeffrey P. Lambkin.
Translation: © 2002 Lilia Cuervo.